海童《かいどう》と天童《てんどう》

永留久恵
Nagatome Hisae

対馬からみた日本の神々

大和書房

【目次】

海童と天童

対馬からみた日本の神々

序章 「アマ」・海と天

第一章 環対馬海峡の考古学

第二章　倭の水人の神話と伝承

第三章 天童信仰と民俗文化

第四章 日本神道と対馬の古俗

海童と天童

対馬からみた日本の神々

序章

「アマ」・海と天

一、倭の水人の世界観

1・神秘の異境

蒼い海原《うなばら》と、青い天《あま》の原の境界がくっきりと見える日もあるが、茫洋《ぼうよう》として境界線が見えない日も多い。この〝海〟と〝天〟のどちらをも、日本の古語では〝アマ〟という。

その海と天の境をなす水平線に、異国の山並《やまなみ》が近く見える日と、遠くかすむ日があり、全く見えない日も多く、日のうちに見える時と見えない時がある。天気は好くても、見えるとはかぎらない。

この幻のように見えたり隠れたりする海彼の山並を、古代人は神秘の異境と観念したのであろう。これが神々の国とされたり、また黄泉国《よみのくに》ともされたことは、神の漂着を語る祭祀の由緒や、死者の精霊《しょうりょう》を海へ流す習俗に、その他界観を反映している。

対馬の西南端に鎮座している高御魂神《たかみむすびのかみ》（高皇霊尊）は、ウツロ船（虚船・空船）に乗って漂着したと伝え、上県《かみあがた》のカラカミ（韓神）には、ハケ（瓠・ひさご）のような容器に入って漂着した伝説があるほか、寄神《よりがみ》と号する祭祀が各地にある。

また弥生時代の墳墓（箱式石棺）が例外なく入江の御崎《みさき》（岬）に営まれている環境は、死者の霊を海に送る葬礼が想像され、この伝統が古墳時代まで続く。この習俗からして、海人の霊魂は海の彼方に往生するものとばかり思っていたが、その海が天に接続していたと考えれば、もっと広い世界が見えてくる。

大陸民の世界では、神は天から降りてくるものだが、海洋民の世界では、神は海から漂流してくる。また大陸では、死者の霊は天に昇るが、島国では、死霊は海に漂流する。他界（神界・冥界）の観念は、環境によって異なっていた。

日本神話の至高神タカミムスビは、高天神の主神であるが、その神がウツロ船に乗って来たという対馬の伝承は、大事な視点を示唆してくれる。すなわち天上から地上に降臨したのではなく、海原を漂流してきたというのだが、海と天が接続している世界観に立ったとき、別に不思議なことではなくなった。

その例として『丹後風土記』逸文の有名な「浦島子」が、船に乗って漁に出たところで天女と出会い、そこから天上の仙境（神仙の世界）へ遊行した噺《はなし》があげられる。

前著『海人と天神』を上梓したとき、対馬神道の二つの柱が海神と天神であることを説明したが、なぜ「天神より海神が先なのか」と質問されたことがある。

豆酘崎。タカミムスビの霊石を乗せたウツロ舟が漂着したという

これについては、日本列島の海人にとって、〝海〟は現実の体験的世界で、海のカミは縄文文化の時代からあったはずだが、空想の世界である〝天〟は本来大陸民の思想で、天帝（天神）という哲学的神霊観は、弥生時代になってから渡来したものという認識から、天より海を先にしたわけを説明した。

しかし二つの柱として概念的には対立する海神と天神が、島人《しまびと》の世界で共存している情況を考えるとき、海と天が共通の〝アマ〟であるゆえんに思いをいたす。そこで島人の信仰のシンボルとなった〝海童〟と〝天童〟を表題として掲げた次第である。

さて、『魏志東夷伝』には、扶余《ふよ》、高句麗《こうくり》、濊《わい》、馬韓《ばかん》の条に〝祭天〟の記載があるが、倭人の条にはそれがない。しかし倭の女王卑弥呼《ひみこ》は鬼道《きどう》に事《つか》え、よく衆を信服させたと記している。その鬼道というのは鬼神を信仰する宗教で、道教《どうきょう》のことだといわれている。その道教の神は天上にましますと信じられていたはずなので、卑弥呼が〝天〟を知っていたことは十分に考えられる。

なお前記東夷伝に見える諸国の祭天は、五月の播種前に鬼神を祭り、十月の収穫後に天神を祭る農耕儀礼で、「国中大会」また「群衆歌舞、飲酒昼夜無休」とも記している。

その当時は日本列島も農耕社会になっていたことを考えれば、同様の天的宗儀の農耕神事があったはずだが、倭人伝にその記載がないのは、魏使の関心をひくほどの実例がなかったのであろうか。

日本の古典が伝える建国神話は、高天原《たかまのはら》から降臨した天神のヒコを父系とし、海神のヒメを母系とする大王《おおきみ》（天皇）の系譜を伝えているが、そこにこの国の建国の理念が読みとれる。

2. 対馬から観た世界

次の詩は一九六四年『新対馬島誌』を編集したとき、序を請うた宗武志《そうたけゆき》が、その所懐を得意の詩に賦して示されたものである。この宗氏は言うまでもなく旧対馬藩主の後裔で、武志公は東京大学英文科出身の学者であったが、若くして貴族院議員に選ばれた経歴を有し、なお北原白秋門下の詩人として、特に英文の詩を得意とされた仁《ひと》である。その詩に、題はない。

島も痩せたが
友も痩せた

魚型を削りながら
だまって潮を見る

だがおれには夢がある
言いさして友は笑う

深夜　世界図をひらく
コンパスを取る

島を軸にぐるっと廻す

私はこの詩を座右の銘として、島を軸に、世界を観る史眼を開いてきた。その恩に報いたいと常に念じている。前著『海人たちの足跡』でこの詩を掲げたとき、考古学者の森浩一は、壱岐で講演したときこの詩を引いて、「さすがは対馬藩主の後裔」と称賛し、この詩に啓発されて新しい史眼を開いた拙著をも評価してくれた。

対馬から観た世界は東が日本海、西が東シナ海、南は日本列島、北は朝鮮半島で、この東西軸と南北軸の交差するところに対馬がある形に意義があるわけで、コンパスの径は短くもなり長くもなる。このなかで、東西軸は海神にまつわる文化交渉、南北軸は天神にかかわる文化の流れに目が向いていく。

二、アジア的文化周圏論

1．方言周圏論

方言周圏論として有名な柳田国男の『蝸牛考《かぎゆうこう》』は、蝸牛（でんでんむし・かたつむり）という小動物が、たくさんの方言をもっていることに注目し、これを丹念に採集した分布表を見たとき、文化の中心（情報発信地）から遠いほど古い方言が遺っていることを知り、それが周圏的に伝播していった法則を発見したもので、この周圏論が信仰や慣習など民俗研究にも有効に援用されることがある。

奥州や南九州、また対馬には日本の古語が方言として遺っているものがある。たとえば対馬の西南端豆酘《つつ》の郷では、魚のことをイヲというが、イヲはウオ（ユオ）の古語である。昭和前期に出た柳田国男編「全国方言集」七、『対馬南部方言集』（瀧山政太郎、昭和十九年）からいくつか例をあげると、

カツグ（水中に潜ること、かづく）
シラタ（実の入らない種子、白痴の児、作物の実入りの悪い畠）
シラカス（人を嘲弄すること）

パル（土地を耕す。地面を掘ること）
ホグル（穴をあける。穴を掘ること）
ホナ（穴のこと、アナの古語）
ホタ（火にくべる大きな薪のこと）
フスベル（くすぶらせること）
ヒデル（火傷がヒリヒリすること）
ヘタバル（疲れて坐り込むこと）

などがあり、それに井・ヱ・ヲの音があり、カ・キ・ク・ケ・コと、クァ・クィ・クゥ・クェ・クォの別が当時まであったことを紹介している。『古事記』や『万葉集』でみる語彙があるのに吃驚《びっくり》することがある。

これは言語だけでなく、他の伝承文化にも言えることから「文化周圏論」として、辺地の民俗文化を研究するうえで有効に役立てられたものである。民俗行事のなかに、古典的習俗を伝えた祭祀や祝詞、遊びがあったものだが、戦後五十年の間にその多くが消えてしまった。

ところで対馬の文化を考えるときは、日本的周圏論の枠からすれば最果ての辺地にあるわけだが、この国内波とは発信源を異にする周波があることを注意しなくてはならない。

その波は日本の中央から発する周波とは逆の方向からやってくる。すなわち中国から発した大きな波が東シナ海を越え、朝鮮半島を中間拠点として、あるいは直通でやってくる波である。

2．一国周圏波と国際波

このようなアジア的規模の文化周圏論に立つならば、対馬は日本の辺境ではなく、最も先進的位置にあったことになる。

朝鮮・韓国の人たちが、日本よりも文化的優位を主張するのは、漢文化の洗礼を先に受けたことが最大の根拠となっている。漢文化を中華と誇る漢民族は、周りの民族を夷狄《いてき》と呼んで蔑視《べっし》したもので、中国史書が対馬国の大官を卑狗《ひこ》と書き、倭国の女王をも卑弥呼《ひみこ》と書くなど、ことさらに卑字を当てるのもその華夷思想のゆえである。

周りの民族もまたこぞって中華文明に近づこうとし、競って漢文化を受容した。これが大きな周圏の波を形成して、アジア全域（特に東アジア）に及んだことから、これが東洋文化と総称された。

この漢文化を受容する過程で、周りの国にそれぞれ一国の核が形成され、そこから国内周圏の波を発信した。その一国周圏波と、それを超えた国際波が複雑に絡んだのが対馬の特殊事情であった。その例を仏教伝来についてみてみよう。

仏教伝来の通説は、中国から高句麗へ、また百済へと国の使によって伝えられ、その百済国の使によって日本へ伝えられたのが欽明天皇の五三八年とされている。しかしこの国レベルの公伝より前に、民間交流によって百済から対馬へ伝わっていたことを語る史資料がある。その第一は大江匡房の『対馬国貢銀記』に、

欽明天皇之代、仏法始度二吾土一。此島有下一比丘尼以二呉音伝上レ之。因レ茲日域経論皆用二此音一。故謂二之対馬音一。

とあり、経文を呉音で読むことを〝対馬音〟と称したという。第二の資料は先年発見されたもので、上県郡衙があった辺の旧寺跡に祀られた小祠から出た小銅仏に、「興安二年歳次癸巳四月八日庚戌」と刻した銘があり、これは造像の様式からして、北魏の興安二（四五三）年であることが日韓の研究者によって確認されている。ただしこれが対馬に請来されたのはいつの時代かわからない。

東アジアにおける文化交流が、西高東低を示す古代において、日本列島より朝鮮半島に一日の長があったことは言うまでもない。その朝鮮半島には古く楽浪を核とする波があって、それが日本列島に及んだ時代に、対馬の船が楽浪まで通交したことは、対馬の弥生遺跡から出土する舶載文物によって証明される。

また三韓・三国時代を通じて複数の核があり、それらが複雑に絡んで対馬に波及しているが、考古学では楽浪系（漢の文物）、百済系、伽耶系、新羅系、それに高句麗系と分類することが可能である。それが日本列島の倭人文化と共伴していることから、その年代を比定するうえで相互に役立つことがある。

三、ヤマト王権と対馬の古族

1・対馬を本籍とする高皇産霊神

『古事記』は大八島の一つとして「津嶋《つしま》」を記載している。以来『古事記』は一貫して津嶋と書く。これに対して『日本書紀』が対馬と書くのは、その編者らが中国の史書から得た知見にほかならない。対馬とは『魏志』「倭人伝」に、初めて海を渡った国として〝対馬国〟と書いたのが初見である。

　この「対馬」と書く表記を『日本書紀』が継承したことで、以来一貫してその表記を地名として伝えている。倭人伝には三十ばかりの国名が記載されているが、その表記が一貫して続いているのは対馬だけである。

　また倭人伝が記載した諸国のうち、対馬国の記述に最も多くの字数を用いている。その対馬国に〝ヒコ〟という名の首長がいた。「其の大官を卑狗《ひこ》と曰う」と記している。中国の

高御魂神社。元は海辺の杜（モリ）にあった

史書は「卑狗」と卑字を当てるが、ヒコの音は〝日子〟（彦）と解されている。また対馬の古族について『先代旧事本紀』の「国造本紀」には、

津島県直

橿原《かしはら》の朝《みかど》。高御魂尊《たかみむすびのみこと》五世の孫、建弥《たけみ》己《こ》己《こ》命《のみこと》を、改めて直《あたひ》と為す。

とある。橿原の朝というのは神武天皇の代である。高御魂という神は、『日本書紀』には高皇産霊尊《たかみむすびのみこと》と書き、日本神話の至高神ともされる大神だが、この神の本籍は対馬にある。対馬西南端の豆酘《つつ》に高御魂神社があり、『延喜式』神名帳にも対馬下県《しもあがた》郡の筆頭社として、名神大社と記載されている。この神が対馬から大和《やまと》へ遷った所伝は後述するが、「県直」とは、朝廷から「直《あたひ》」の姓《かばね》を賜った県主《あがたぬし》のことである。直は国造級の姓である。

神武の朝を史実とみることはできないが、要するに国造を置いた最初の所伝に、畿内七国と並んで宇佐と対馬があるのだが、これには見過ごすことのできないものがある。大和から見て、宇佐は九州経略の拠点であり、対馬は大陸へ通交する関門だからである。それゆえ国造に準じた直の姓を賜った県主が居たわけで、現在美津島町雞知《けち》周辺に、前方後方墳の出居塚《できづか》（四世紀）を筆頭に、前方後円の畿内《きない》型古墳が群として存在するのは、この直らの墳墓と見られている。

この対馬の県直の系譜については『先代旧事本紀』の「天神本紀」に、

天日神命《アメノヒノミタマノミコト》。「県主」ノ対馬《ツシマノ》県直等ノ祖。

とあることから、対馬の県主は天日神を祖神《おやがみ》とする系譜を公称していたものと解される。それが「国造本紀」には建弥己己命とあるのだが、これが高御魂尊の裔である。その後、『新撰姓氏《しんせんしょうじ》

録《ろく》』には、

　津島直。
　天児屋根命《あめのこやねのみこと》の十四世の孫、雷大臣命《いかつおみのみこと》の後なり。

と記している。これは時代によって系譜を改めたもので、姓氏録の記載には、神祇官における対馬直が、中臣《なかとみ》氏の配下に置かれた関係から、中臣氏の祖神である天児屋根に付会した事情が反映している。中臣氏は本来卜部であったという説も有力で、その祖神は天児屋根命である。

津島直の祖神を天日神《あめのひのみたま》ということは、その名が示すように日輪（太陽）の霊を神と崇める古い素朴な神名で、その祭祀は阿麻氏留《あまてる》神社（式内社の祭神）とされている。阿麻氏留とは天照にほかならず、中世・近世には照日権現と号していた。この日神を祖とした対馬の古族は、『魏志』「倭人伝」に対馬の大官〝卑狗《ひこ》〟と録されたその日子の裔と考えられる。

日子は日神の祭司で、クニ（対馬國）の首長（大官、王者）であった。ヤマトの王者も日子と称したもので、神武天皇の名を『古事記』には神倭伊波礼毘古《かむやまといわれひこ》と記し、『日本書紀』は神日本磐《かむやまといわ》余彦《れひこ》と記している。ヤマトの磐余《いわれ》の日子という意である。そのほか日子（彦）と称する者は各地にいた。

中国では、天帝（天神）を祀る最高の祭司が天下を治めたもので、帝王たる者は天神の子でなければならなかった。神話の五帝以来、歴代の王家はいずれも天神の子と称した。秦《しん》王政（始皇帝）が戦国の世を統一し、天下を統治したとき、自ら天子と称し、皇帝と号した。

そこで『魏志』「倭人伝」に、対馬の「大官卑狗」と記載された首長の裔が、ヤマト政権に服属した時点で県主に任じられ、直の姓《かばね》を賜ったものと解される。

2. 王権と祭祀

『日本書紀』顕宗天皇三年春二月条に、任那《みまな》（伽耶）に使した阿閉臣事代《あべのおみことしろ》の奏上として、「月神人に著《かか》りて、我が祖高皇産霊、天地《あめつち》を鎔造《あいいた》せる功有り、宜しく民地を以て奉れ。我は月神なり」との託宣があり、そこで山背《やましろ》国葛野《かどの》郡歌荒樔《うたのあらす》田《た》を献上し、壱岐県主の祖がその祠《まつり》に侍《つか》えたとある。続いて同年夏四月条には、

日神、人に著《かか》りて、阿閉臣事代に謂いて曰く。磐余《いわれ》の田を以て我が祖高皇産霊に献《たてまつ》れと。事代便《すなは》ち奏す。神の乞《こはし》の依《まま》に田十四町を献り、対馬の下県直祠《まつり》に侍《つか》う。

とある。この二月条の月神とは壱岐に鎮まる月読《つきよみ》神で、四月条の日神は対馬の阿麻氏留神といわれている。その日神・月神が我が祖と呼ぶ高皇産霊は、対馬の豆酘《つつ》に鎮まる高御魂、及び壱岐の芦辺町諸吉の高御《たかみ》祖《おや》神社の祭神とみられている。これに田地を献上した山背の歌荒樔田は旧葛野郡（現京都市西京区）で、「葛野《かどの》坐《にます》月読神社（式内名神大社）」がある。また旧乙訓郡（現京都市伏見区）の「羽《は》束師坐《つかしにます》高御産日神社（式内名神大社）」が、壱岐から分祀したタカミムスビではないかと思うが、現在の由緒にはそれを伝えていない。

また対馬から大和の磐余の地に遷座したタカミムスビは、旧十市郡目原（現橿原市）にあった「目《め》原坐《はらにます》高御魂神社（式内名神大社）」とみられている。現在論社が二所あって確定しないが、要するに古く目原と呼ばれた地名を重視すべきであろう。

顕宗紀の磐余の地名は、神武天皇の名「神日本磐余彦」に通じることから、この所伝は対馬の高御魂を王都に迎え、その祠官として対馬下県直が侍えるに至った経緯を反映したものといわれている（竹内理三、上田正昭、その他）。この時、対馬の日神・阿麻氏留神と、壱岐の月神・月読神も畿内に出ている。このほか対馬の太祝詞《ふとのりと》神、多久頭魂《たくづたま》神、雷《いかづち》神も大和へ遷った形跡がある。

この対馬・壱岐の名神が京《みやこ》及び畿内へ遷ったのは、ヤマト王権の儀礼を整えるために、対馬・壱岐に鎮まる高御魂（天地の造物主）、阿麻氏留（日神）、月読（月神）、太祝詞（卜神）などを京畿に遷祀し、その祠官として対馬・壱岐の古族を召喚したものと解される。

『日本書紀』が高御魂を〝高皇産霊〟と表記するのは、これを皇祖神としたからで、天皇の践祚大嘗祭の主神が高皇産霊であることもそれを語っている。また日神阿麻氏留は天照として畿内・畿外にもあるが、なかでも伊勢の大神は皇祖神に格上げされた。

この伊勢太神宮の「大宮司次第」に、津嶋朝臣の名が三代ほど見える。

二所大宮司次第

第一、中臣。香気連須気。考徳天皇御代任。在任四十年。

（中略）

第五、津嶋朝臣大庭。養老四年十二月七日任。在任六年。

（後略、第四章参照）

このあと十代が津嶋朝臣家虫、十一代が同小松とあり、この人たちの名は『続日本紀』に授位の記事が見える。この津嶋朝臣というのは、先に高皇産霊の祠官として上京した対馬直の裔とみられている。

伊勢の大神が皇祖神とされたのは天武・持統朝の頃からで、皇大神宮の成立は六九八年とされている。それは文武天皇の二年であることが明らかになった（筑紫申眞『アマテラムの誕生』）。

皇大神宮の成立が六九八年ということは、初代宮司の在位四十年、及び二代宮司の在位十五年は皇大神宮前代の所伝ということになる。なお津島朝臣大庭の就任が七二〇年であることを考えると、彼は創始の時からこの大神宮に仕えていたもので、昇進して大宮司になったのであろうと思われる。

これは本来神人（神官）であった対馬直の一族が、京畿に出て対馬朝臣となり、皇太神宮の大宮司にまで就任したのだが、これには日神祭祀における対馬流の神務が貢献したのであろう。

3・王者と卜官

皇太神宮の大宮司となった対馬朝臣は、律令制では神祇官の神部《かんべ》に所属したものだが、この系統とは別に、神祇官の卜部となって出仕した対馬直の系譜がある。それは対馬在住の県直の一族から選ばれて上京し、任期によって交替したものである。

『職員令』神祇官には「卜部二十人」とあるが、その内訳について『新撰亀相記』（天長七〈八三〇〉年撰、卜部氏文という）、及び『延喜式』「臨時祭」によって、対馬から十人、壱岐から五人、伊豆から五人と知られるが、その職能については『職員令』神祇官の「御巫。卜兆」に、

卜は亀を灼《や》くなり。兆は灼亀縦横の文《あや》なり。凡《およ》そ亀を灼いて吉凶を卜《うらな》うは、是れ卜部の執る

業にして、長官の自《みずか》ら行う事に非ず。

とあるように、厳格な作法によって亀の甲の裏に火を指しあて、甲の表に生じた縦横の亀裂を読んで、吉凶を卜ったもので、これは古代王権の儀礼として、極めて重要な神事だったのである。

これには中国における殷《いん》王朝以来の伝統がある。殷墟《いんきょ》（殷の遺跡）出土の無数の甲骨文（亀甲や獣骨に刻された文字）を卜辞《ぼくじ》というのは、すなわち卜占《ぼくせん》（うらない）の呪文《じゅもん》だったのである。

殷王朝以来、王者の側近には巫官《ふかん》と卜官と軍師がいた。巫官は神を祭り、神に祈る役だが、卜官は卜占によって神意を問い、物事の吉凶を判ずる役で、卜辞に多いのは、祈雨と農作の豊凶、軍事、遷都、王の行動にまで、その吉凶を占っている。

この東洋的王者の厳粛な儀礼がヤマト朝廷にもあった。朝廷に神祇官と大政官があり、神祇官に神部《かんべ》と卜部があったのは、まさに東洋的王権の制度である。その卜部の卜官として対馬から十人、壱岐から五人、伊豆から五人、卜術優長者を採用したもので、これを三国卜部というのだが、卜部の本流は対馬であろうといわれている。

この東洋的祭天の古俗がいつ対馬に伝わったのか、その卜術をもってヤマト朝廷の卜部となったのはいつか、その他不明のことが多々あるが、章を改めて後述する（第四章参照）。

四、海童〝磯良〟

1・少童と書く海神

『日本書紀』神代《かみよ》の「大八洲《おおやしま》生成」の後、イザナギ・イザナミ二神が多くの神々を生むなかで、第三の一書に曰くとして、風神《かぜのかみ》、倉稲魂《うかのみたま》（穀神）、海神《わたつみのかみ》、山神《やまのかみ》、水門神《みなとのかみ》（水神）、木神《きのかみ》、土神《つちのかみ》、等を生んだとあるが、この〝神生み〟神話には、自然のカミ（精霊）として畏れ崇拝したものに、神の霊格を奉ったことに意義がある。

この自然神のなかに、海神があるのは当然だが、その名を〝ワタツミノカミ〟という。ワタは海の古語で、ツミは海祇《わたつみ》・山祇《やまつみ》とあるように、カミの意と解されている。その海のカミであるワタツミを、『日本書紀』は〝少童命〟と書いている。このワタツミに少童と当てるのは、カミを少童のイメージで意識していたからで、海神を少童と作った初見はイザナギが黄泉国《よみのくに》より帰り、筑紫《ちくし》の日向《ひむか》の小戸《をど》の橘の檍原《あはぎはら》に至りて、祓除《みそぎはらい》して、三貴子の出生となるくだりで、

海底に沈みて濯《すす》ぎたもうとき生《な》りませる神の名を底津少童命《そこつわたつみのみこと》と申す。次に底筒男命《そこつつおのみこと》。また潮の中に潜《かつ》ぎて濯ぎたもうとき生りませる神の名を中津少童命と申す。次に中筒男命。次に潮の上に浮きて濯ぎたもうとき生りませる神の名を表津《うわつ》少童命と申す。次に表筒男命。その

筒男命は是れすなはち住吉大神《すみよしのおおかみ》なり。
底津少童命、中津少童命、表津少童命は、是れすなはち阿曇連《あずみのむらじ》らがいつき祭る神なり。
然して後、左の眼を洗いたもうとき生りませる神の名を天照大神《あまてらすおおみかみ》と申す。また右の眼を洗いたもうとき生りませる神の名を月読尊と申す。また鼻を洗いたもうとき生りませる神の名を素戔嗚尊《すさのおのみこと》と申す。

とあり、『古事記』にもこれと同じ所伝がある。ただし『古事記』では少童命を綿津見と書き、阿曇連らの祖神《おやがみ》と記している。このワタツミとツツノヲと、二組の海神を生んだあとで、天照大神・月読尊・素戔嗚尊の出生となる。日本書紀の「国生み」に続く「神生み」の神話をここに引いたのは、天地諸神のなかで、特に海人の出生について、見ておきたかったからである。

海神の名を『古事記』は「海神《わたのかみ》・名は大綿津見《おおわたつみ》」とし、一貫して綿津見と書いている。これは対馬の海神宮が「和多都美」と六国史にも見え、『延喜式』神名帳にも、「和多都美神社・名神大社」とあり、ワタツミの訓は同じである。ワタは海、ツミは精霊といわれるが、ツは助詞で、〝ミ〟は蛇の古語・へミと解される。それは十二支の巳《み》(蛇)と同じである。

ここでは、海神を少童と表す理由を考えてみよう。その第一は、海のカミを童形《どうぎょう》で表す原始信仰があったことである。その名は川に住んでいる河童《かっぱ》、山にいる山男とか山小僧といわれる怪物にも通じるが、河童や山男が神になりえない妖怪に零落したのに比べ、こちらは少童命《わたつみのみこと》という神名を献《たてまつ》られた決定的違いがある。

そして第二として海幸彦・山幸彦の説話がある。日神《ひのかみ》の御子である日子火火出見《ひこほほでみ》命が、海神の宮に遊幸した神話伝説は後述（第二章）するが、そこではこの日子が大海神《おおわたづみ》の女《むすめ》豊玉姫と結婚し、姫が生んだ男児を「日子《ひこ》波限《なぎさ》建《たけう》鵜茅葺不合尊《がやふきあえずのみこと》」としている。この日子・波限建・鵜茅葺不合という長い名にそれぞれ意味があるが、ここではこの日子が幼名を伝えただけで、生長して活躍した所伝がないことを指摘しておきたい。

第三に、民間の伝承では、豊玉姫の子として〝磯良《いそら》〟という快男児が活躍する。その磯良の名は「波限建《なぎさたけ》」と通じるが、これが記紀神話と民間伝承の接点を示してくれる。この磯良は亀に乗って水中を往来し、あるときは童形で、あるときは老翁の姿で現れる所伝もあるが、これが〝海童磯良〟である。

この磯良は水底に住んでいるために、顔にカキなどが生え、その容貌《ようぼう》は醜《しこ》だという。これが底津少童の本義であろう。また磯良が海中を自在に活動する姿から、中津少童の名が導かれる。そして磯良が梶取《かじとり》（船頭）となり、皇船の水先案内として活躍する姿に、表津少童の面目を示している。

このように海神を少童と書く意義を、日本書紀には説明がないけれども、このような伝承によって説明することが可能である。

対馬の和多都美神社では、社前の渚《なぎさ》に〝磯良恵比須〟と

磯良恵比須。和多都美の社前の渚にある磐座

称する霊石があるが、その場所は正に波限である。また海神神社（本名和多都美御子神社）がある里では、出産に際して産屋《うぶや》を設ける習俗を伝承し、豊玉姫の故事を伝えながら、その海辺に磯良を祀る祠《ほこら》があった。

また筑前博多湾口の志賀島には、志《し》賀海《かのうみ》神社（式内名神大社）があり、祭神は綿津見三神で、島の北西に磯良崎の地名があり、磯良が海から上陸する径路を示している。

2. 水人族と文身習俗

『魏志』「倭人伝」には、日本列島の潜水する海民を「倭の水人」と呼び、その風俗を、

男子は大人《おとな》も少年《こども》も顔や身体に文身《ぶんしん》（入れ墨）している。古くから中国に来る使は皆大夫《たいふ》と称した。夏《か》（伝説の中国最古の王朝）の少康の子が会稽《かいけい》（浙江省）に封ぜられ、断髪文身して蛟竜《こうりゅう》（水中にいる竜）の害を避けた。

今、倭の水人は好く沈没（潜水）して魚や貝を捕り、文身して大魚水禽の害をはらう。

諸国の文身は各異なり、左右・大小の差によって身分を示している。

倭にいたる道里を計ると、会稽・東治《とうや》（会稽の南方）の東に当る。

と述べている。倭人の習俗を色々述べているなかで、以上の潜水漁法と文身を最初に掲げたのは、それが魏使（中国人）の目に珍しかったこと、その魏使の報告を資料とした本書の撰者（陳寿）の関心を惹いたからだとみられている。

陳寿の認識では、その潜水漁法と文身が会稽の古風と似ていることから、倭人国の方位を東治

の東に当ると考えた。倭人伝の地理観は、日本列島を朝鮮半島から南へ、南へと列《つら》なった形になっていて、その倭人諸国の道里を計算すると、東冶の東に当るようになっている。

狗邪韓国―南へ　一〇〇〇余里　対馬国
対　馬　国―南へ　一〇〇〇余里　一大国
一　大　国―（南）一〇〇〇余里　末盧国
末　盧　国―東南へ　五〇〇里　伊都国
伊　都　国―東南へ　一〇〇里　奴　国
奴　　　国―東へ　一〇〇里　不弥国
不　弥　国―南へ　水行二十日　投馬国
投　馬　国―南へ　水行十日・陸行一月　邪馬台国

魏使（帯方郡使）は常に伊都国に駐在したということなので、伊都国までは実際に見聞した記録なので詳しいが、奴国からさきが簡略な記述になっている。不弥国から先の方位や里程があいまいなこともあって、陳寿を「東冶の東」という思い込みに導いたのであろう。その陳寿の思考を導いたキーワードは、潜水漁法と文身習俗にほかならない。

この中国南海の民俗と同じ習俗が倭人の世界にあることを知ったのは、末盧国の条にその記事がある。

好捕魚鰒、水無深浅、皆沈没取之。

好く魚や鰒《あわび》を捕《と》り、水の深い所でも浅い所でも全身沈没してこれを捕るというもので、これは実際に見た光景を描いたものである。

松浦を含む西海は〝潜り〟の盛んな地方だが、これには縄文時代から潜水漁民がいたことを示唆した資料が対馬にある。この潜水する海洋民の信仰のシンボルとして、少童神があったのではないか。底津少童・中津少童・上津少童という名もそれを示唆している。

五、天道童子

1・天道菩薩の信仰

オテントウサマとは、太陽霊を神格化した自然神で、朝日を拝んで祈る人が今もある。だがこれには一定の宗儀があるわけではなく、また祭祠もない。

これに対して、〝天道さま〟は、天道法師という崇高な人格を持った聖者（神人）で、神とも菩薩ともつかぬ宗儀があって、村ごとに祭りを行う聖地があったが、神社はない。

このように比べてみると、オテントウサマは原始的崇拝の段階で終ったが、テンドウサマは宗教的信仰の段階にまで達していたといえるだろう。

この天道信仰のシンボルとされる天道法師は、神とも人ともつかぬ天道童子として出生した。この〝天童〟が長じて僧となり、巫祝の術を会得して神仙の域に達したもので、これを天道菩薩とも称している。その出生にはいくつかの異伝があるが、本縁起及び異伝を通じて、処女《おとめ》が日光に感精して、日神の子を懐妊し、天童を出産したという。これは東洋的日光感精神話の流れを汲むもので、この神話を具象した御神体（神像）も現存している。

この伝承を筆録した〝天道縁起〟が、「天道菩薩縁起」と「天道法師縁起」と二本あるが、まず貞享三（一六八六）年撰『対州神社誌』に載せられた天道菩薩縁起を紹介する。
テンドウ（天童）の母の出自について、貴女説と賤女説と二様あるが、本縁起では貴女説を取っている。

対馬洲醴豆《つつ》郡内院《ないいん》村に、照日某という者あり。一人の娘を生ず。天武天皇の白鳳十三甲申歳二月十七日、此女日輪の光に感じて妊《はら》み、男子を生す。其子長するに及び聡明俊慧にして知覚出群、僧と成て後巫祝の術を得たり。（中略）

霊亀二丙辰年、天道童子三十三歳の年、元正天皇不豫《ふよ》有り、博士をして占《うらな》はしむ。占に曰《い》う。対馬洲に法師有り、彼れ能く祈る。召して祈らしめて可なりという。其言を奏問す。天皇詔して之を召さしむ。勅使内院へ来り、言を宣ぶ。

天童、内院の飛坂より壱州の小牧へ飛び、それより筑前国宝満嶽に至り、京都へ上洛す。

天道、吉祥教化千手教化志賀法意秘密しゃかなふらの御経を誦じ、祈念して御悩み平復す。是《ここ》において天皇大に感悦し給いて賞を望みにまかせ給う。

天道其時、対州の年貢を赦し給わん事を請い、また銀山を封じ止めんと願う。（中略）また州中の罪人天道地へ遁入の輩を、悉《ことごと》く罪科を免れるよう願い上げ、

内院浦。天童の生誕地

右の通り許容さる。
また宝野《ほうや》上人の号を賜りて帰国す。其時行基菩薩を誘い、同行して対州へ帰国。行基、観音の像六躰を刻む。今の六観音すなはち佐護・仁田・峯・曽・佐須・醴豆、是なり。其後、天道は醴豆の内卒土山《そとやま》に入定すという。(中略)其後また、天道は佐護の湊山に出現ありという。今の天道山これなり。(後略)

というもので、この天童縁起については、前著『海神と天神』においても論じたことだが、日光感精神話を骨子として、天童が僧となり、仏法を修めた後巫祝の術を習得して祈禱を行い、天空を飛翔する術をも得て、仏僧であると同時に呪術者で、神仙の域に達した神人《しんじん》として崇敬される。

2.天道縁起の解明

天童の母となる女性が「照日の女」ということは、照日とは日神のことであり、その日神の祠《まつり》に侍《つか》える巫女《みこ》と解され、これについては後述する(第三章「天童信仰と民俗文化」参照)。

次にこの天道を法師として、それを奈良時代前期の人としたのは、その頃が日本における道教的宗儀の盛り上った時代であったことを思うとき、その頃の有名な役行者小角《えんのぎょうじゃおづの》(仙術を会得した修験道の開祖)や、行基菩薩と肩を並べる実在として、天道法師を語ることに意義があったのだと思われる。

天童が内院の飛坂から壱岐の小牧へ飛び、そこから筑前の宝満嶽に飛行したということは、神仙の術を会得《えとく》していたことを力説したもので、この縁起には仏教と神道の習合だけでなく、道教の思想が強く反映している。天道童子という尊名は、まさしく天空を飛翔《ひしょう》した神仙の子という意に解される。

その天童が、元正天皇の不豫に召されて御経を誦じ、祈念して御病を平復したという。その御経も祈念も仙術による秘儀と解され、それに仙薬を用いる道教医術のことも想像される。そこで、この縁起の成立を奈良朝かといえばそうではない。

対馬の銀山が閉山したのは平安朝末期（一二世紀初頭）であるが、その銀山に対する民の怨嗟《えんさ》の声を、この縁起は示唆している。これがこの縁起成立の時代を解く有力な手懸りの一つとなる。対馬で神仏習合が顕《あらわ》れるのは平安後期からだが、この縁起は正に神仏習合の宗儀として伝承されたものと解される。

また天道地に遁入した罪人を追捕しないと記しているのも貴重な資料で、これは朝鮮の名著『海東諸国紀』に、対馬には、

> 南北に高山有り。皆天神と名づく。南を子神と称し、北を母神と称す。その俗は神を尚び、家家素饌を以て之を祭る。山の禽獣草木を人敢えて犯す者無く、罪人神堂に走り入れば、亦敢えて追捕せず。（原漢文）

とあり、これが対馬の〝天道地〟と呼ばれる聖地である。この罪人に寛容な聖地として、『魏志』「東夷伝」の「馬韓」条の〝蘇塗〟があり、実に酷似している。その蘇塗《そと》と豆酘《そと》の卒土山が同音であることも偶然とは考えられないものがある。

しまいに佐護の天道山に言及しているが、佐護の天道は式内社「天神多久頭魂神社《あまつかみたくづたま》」と天道菩薩が習合した形になっている。当地に天道山大日寺と号する寺があり、寺号からして本尊は大日如来のはずだが、今はない。想うに天神多久頭魂は日子（天童）で、これが大日如来と習合したものと解される。

大日寺と川を挟んで対岸に、神御霊神社があり、俗称〝女房神〟といわれるが、この神社の御神体は女神の像で、腹部に真赤な日輪を懐いている。真に日光感精神話を具象した形で、天童の母に相違なく、それで日神の女房ということは、神妻であり、母でもあることを示している。内院の照日の娘も巫女であり神妻であったことを教えてくれる。

それにテンドウ（天道・天童）という名称は倭語《やまとことば》ではない。この縁起のなりたちには、仏教及び道教の思想が絡《から》んでいる。そこでこの縁起成立の時代が問われるが、それは以上の所伝のなかにいくつかのヒントがあった。

素朴な太陽霊信仰と穀霊信仰を基層とし、それに日光感精神話が複合してのち、神仏習合により、天道法師と称する〝生仏《いきぼとけ》〟を信仰の象徴とし、そこから天道童子という〝人神《ひとがみ》〟が誕生した。この天道法師以前に、本来の天童《てんとう》は「神聖な樹林に来臨する神的存在」（三品彰英）といわれるように、テントウとテンドウは同じではない（第三章三節参照）。

第一章

環対馬海峡の考古学

一、交流の十字路

1・交流のはじまり

人間は好奇心の強い動物で、未知の世界にあこがれ、他人の物を欲しがり、己の持たない物を他に求める。動物は本能的に奪い合いを演じるが、人間はその野性を超えて、〝交換〟という知恵を会得《えとく》した。他人の物が欲しいときは、己の物を提示して交換を要求するわけである。やがてその代償として貨幣が登場するが、この交換という手段によって、人類の文化が飛躍的な発展を遂げる弾みとなったことは、以後の歴史的流れから見て自明である。

交易圏の拡大により、異民族の異なる文化と触れ合う機会も生じ、その結果〝文化の交流〟が促進し、これが文明の開花をもたらしたことはいうまでもない。そこで日本列島の基層文化を見ると、この島々で作られたものだけでなく、海外から渡来したものもあるのは、この交流の遺産にほかならず、それには物の移動だけでなく、人の往来も当然考えられることである。

そもそも日本列島で人類が発生したものでない以上、先住民といえども大陸から漂泊して来たにちがいなく、その漂泊の第一歩は、大陸と日本列島がまだ陸続きであったころ、いわゆる〝陸橋〟を通って来たはずで、この列島に旧石器文化をもたらした。その幻の陸橋は朝鮮半島と九州北部・本州西部を繋いでいたが、この陸橋が海没したとき、対馬は地塁島《ちるいとう》として絶海に孤立した。

この対馬陸橋が沈没し、対馬海峡が形成された時期については、およそ新石器文化の開始期から縄文文化前期の間に、徐々に進行して現在の地形になったと考えられている。

自然の変化で陸橋部が水没し、朝鮮半島と日本列島の間に海峡が生じたとき、東シナ海と日本海が水路で結ばれることになり、黒潮の分流が注ぎ込んできた。この暖流を対馬海峡と命名したことからも知られるように、この潮路の焦点に対馬があり、東シナ海と日本海を結ぶ〝要《かなめ》〟に位置している。

南北八十余キロ、東西約二十キロの細長い島を、日本の中央は古来〝辺要〟と呼んでいる。

2. 対馬は〝津島〟

島の東側を東水道、西側を西水道と公称しているが、通称では東水道を対馬海峡、西水道を朝鮮海峡（大韓海峡）と呼ぶ。

この地塁島の名称を「対馬」と書いた史料の初見は、中国の史書『三国志』の「魏書」東夷伝・倭人条（通称『魏志』「倭人伝」）に、〝対馬国〟と録されたもので、以来国際的表記として定着している。わが国でも『日本書紀』が対馬と書いたのは、『書紀』の撰者が中国や朝鮮諸国の史料を読んでいたからで、以来正史はすべて対馬と書く。

これに対して『古事記』や『先代旧事本記』などの古典に、〝津島〟と書いていることから、意味不明の「対馬」より、名義としては「津島」を正解とする説が通っている、中国史でも『隋書』「倭国伝」は、倭国に遣わされた裴清世が、

百済に渡り、竹島を経て、南に聃羅国を望み、都斯麻国を経て、一支国に至り、竹斯国に至る。

記述があり、文中の百済は朝鮮半島西南部、聃羅《たんら》は済州島、都斯麻は対馬、一支は壱岐、竹斯は筑紫に相違なく、これからして、対馬が〝ツシマ〟と発音したことが証明される。そこでツシマとは〝大陸往還の船が着く島〟という認識から、『古事記』や『旧事本記』の撰者らは、倭訓で「津島」と書いたに違いない（なお対馬の名義については前著『海人たちの足跡』で詳述した）。

3・東シナ海と日本海

東シナ海の北西から、あるいは南方から発した文化の流れが、日本列島に伝播した道は幾条も考えられるが、その最も太い道すなわち主流は、前記『隋書』「倭国伝」のルートであろう。中国から東シナ海（あるいは黄海）を渡って朝鮮半島西部（あるいは西南部）に至り、対馬・壱岐を経て北部九州に到達する線で、それと『魏志』「倭人伝」に見えるルート、すなわち朝鮮半島西南部から東南部まで沿岸を回り、伽耶《かや》の港市狗邪《くや》韓国（金海）から対馬国・壱岐国を経て、末盧国（松浦）へ至る線である。

この韓国南辺と西北九州を結ぶ海路は古く縄文早期末から開け、縄文前期には九州の縄文文化と、嶺南（韓国東南部）の櫛目文文化が交流していたことが、両国の研究によって明らかになっ

哈爾浜
ウスリースク
ウラジオストク
室蘭
函館
長春
吉林
延吉
青森
撫順
長白山脈
清津
秋田
瀋陽
通化
日本海
山形
遼東半島
丹東
新義州
朝鮮民主主義人民共和国
新潟
元山
長野
平壌
富山
旅順
大連
開城
ソウル
大韓民国
金沢
仁川
岐阜
鳥取
京都
名古屋
松江
大邱
神戸
岡山
大阪
青島
釜山
対馬
広島
黄海
高松
徳島
膠州湾
木浦
松山
高知
日本
福岡
朝鮮海峡
対馬海峡
済州島
熊本
長崎
鹿児島
東シナ海
大隅諸島
種子島
上海
屋久島
吐噶喇列島
杭州
寧波
紹興
南西諸島
奄美諸島
名瀬
徳之島
沖縄諸島
沖縄島
那覇
西表島
台北
フィリピン海

対馬を軸にした世界図

てきた（先年対馬で九州の縄文文化研究会と、嶺南の新石器文化研究会が、共同で研究会を開いたが、今では九州考古学会と嶺南考古学会が、交互に会場を提供して、合同の考古学大会を開催するまでに発展している）。

こうして対馬を一塁、壱岐を二塁として、朝鮮半島と日本列島の交流が明らかになってきた。この南北のルートと別に、東シナ海を横断する水路があり、後には遣唐使の道として知られるが、古い時代には想像するほどの形跡は遺していない。それでも手掛かりがないわけではない。

また南の海から北上する対馬海流は、椰子《やし》の実などを運んでくるが、対馬の縄文貝塚から南海産宝貝のペンダントが出土している。また同貝塚の人骨に、潜水漁民の特徴を示していることも、南海漁法の登場を示唆しているといえる。

ここで東シナ海と反対側の日本海に目を転じると、この海もまた大きな交流圏を持っていたことを示している。前記縄文貝塚から、北海産の貝で作ったペンダントもあり、韓国の東海岸を南下して、シベリアから来たルートを示唆した資料もある。

また列島沿いに東北に通じたルートがあったことも、別の貝塚で、北陸の糸魚川流域で産するヒスイ（硬玉）のペンダントが出土している。漁撈具のなかにも、北洋系の石器や骨角器があり、対馬が環日本海交流の〝要〟に位置していたと考えられる。

すなわち日本海における対馬は、暖流対馬海流の要点にあると同時に、寒流リマン海流の終点になるからである。この日本海の海流と季節風は、この海に生きる人たちには早くから知られていたはずである。

福井県若狭湾の鳥浜遺跡は縄文前期の貝塚だが、これとおよそ同時代の中国浙江《せっこう》省の河姆渡《かもと》遺跡から、数々の共通した資料が出土していることは、東シナ海と日本海を通じた流れを示唆しているが、目的を持った航海とは言えないまでも、漂流による文化の伝播を示している。

大海を渡る航海には、造船の進歩と、海流や季節風に関する詳しい知識が必要だが、長い年月の間に蓄積された情報が、連綿と伝承されたはずである。

対馬はその地理的位置からして、朝鮮半島を南下して列島に渡る流れと、東シナ海と日本海を結ぶ横の流れの交差する所で、北方系文化と南方系文化の出合いもあった。〝交流の十字路〟と呼ぶ由縁である。

二、アジア史における東海と西域

1.西域を旅して想うこと

東シナ海を航海して、日本列島の西海から南西諸島に及ぶ多島海、朝鮮半島の西海から南海に及ぶ多島海、中国大陸の東南海に長く連なる多島海を知っている私が、中国の西域を旅行したとき、東シナ海の周辺世界と、タクラマカン沙漠の周辺世界が、ある共通点を持っていることに驚いた。

衣・食・住の生活様式や信仰宗教も異なるのに、なにが似ているのかといえば、半農半牧と半農半漁の、生業の〝かたち〟に共通性があるからだと知った。そこから我々の先祖が南北に〝市糴〟していたように、西域伝には東西に通交した歴史がある。この文化史的宿縁を少々述べてみよう。

ウィグル語で〝死の海〟を表すというタクラマカン沙漠を横断することは至難だが、北側の天山、南側の崑崙《こんろん》山脈より流れ出る河川に沿って、点と線で結ばれるオアシスを連結し、古来の交易路が開けた状況をつぶさに見ると、多島海の島伝いに渡海して、東シナ海を通交した事情と通じるものがある。

ウルムチよりアクスまで、秋空に輝く天山山脈の銀嶺を上空より俯瞰し、霊峰ハンテングリを遠く仰ぐように眺めたとき、〝天高く馬肥ゆる〟の名句が、本来遊牧世界の故事であったことを実感した。

また黄漠たる大地のなかに、点々と列《つら》なる緑の泉地（オアシス）を訪ねて想ったことは、この泉地農牧の俗界を現世として、天国（高天原）と地国（黄泉国）を語ったのであろう〝創世神話〟についてであるが、それを尋ねても現住民のイスラム教徒は語らない。

現住民の大多数はウィグル族で、千年来のイスラム教徒として知られているが、彼等は漢族とは異った固有文化を持っている。ウィグルは本来トルコ系といわれるもので、これが当地方（トルキスタン）の原住民らしい。かつて司馬遼太郎と語ったとき、現在西アジ

天山山脈。早朝の俯瞰

ウィグルの子供たち

アに国をなすトルコ人と、ウィグルの言語が通じるという話を聞いたことがある。

当地には、このウィグルのほかにモンゴル系、チベット系、イラン系などあるそうで、青い眼の美しい少女もいた。シルク・ロードは人種の行き交う〝るつぼ〟だったのである。トルキスタンという地名が、トルコ族の本拠であったことは言うまでもない。

2.沙漠の国・海洋の国

オアシスのなかにも、無人の緑地があるかと思えば、砂漠の中に廃墟となった集落の跡もある。オアシスの河川は湖沼に注ぐが、行方の知れない川もある。その砂漠に汲い込まれた川水が伏流し、どこかで忽然《こつぜん》と湧き出しては泉地をつくる状況が、上空から眺めるとよく分かる。

村の半農半牧の生態は、林の中に土造の住居があり、庭には葡萄《ぶどう》棚と無花果《いちじく》などの果樹があり、周囲には野菜畑と家畜小屋があり、裏の牧草地には羊の群と、少数の馬と驢馬《ろば》が遊んでいる。かなり広い畑もあって、小麦・黍《きび》・綿花を作り、それに水田があって米を作っている所もある。

これで大概わかるように、その生活は自給自足が本体で、この半農半牧という暮しは、島国の半農半漁と共通したものがある。自給自足とはいえ、完全な自給ができるはずはなく、その不足は交易によって補足するわけだから、その自給と交易の兼合いも、わが島国と同じである。

古代においては、それぞれのオアシスに小国家を形成したもので、『漢書』「西域伝」に、それら諸国の国名と戸数、人口まで記録がある。それによると、多くの国は戸数千戸にも足らぬ小国だが、中には千戸以上の所もあって、三千数百、六千数百という大国もある。その状況がまた『魏志』「倭人伝」に見える倭の国々とよく似ている。倭人伝の対馬国や一支《いき》国が〝東北に市羅〟したように、西域の諸国は東西に通交し、中原の帝国（皇帝の国）に朝貢していた。

東海の孤島対馬・一支が、南北市糴（中継貿易）に頼って立国したように、西域のオアシス国家は東西の中継貿易に頼っていた。交通の盛衰によってある時は繁栄し、ある時は衰退して、歴史の表街道となった時代と、裏道として寂れた時代があったことも似ていれば、軍馬と軍船の違いはあるが、戦争のたびに通路となり、踏み散らされた歴史も共通している。

西域南道（タクラマカン砂漠の南側）第一の都市和田《ホータン》は、漢代に知られた于闐《うてん》国、北道（砂漠の北側、天山南路）の首都庫車《クチャ》は亀茲《きじ》国で、漢帝国の西域経営の拠点であった。周りの諸国が戸数千にも足らぬ時代に、亀茲は三千三百戸、于闐は六千九百余戸とある。この亀茲、于闐が南北の盟主として、それぞれ連合体を成していたことは、東海の列島の倭人らが、邪馬台国を盟主として、倭国連合を成していた形とよく似ている。

この『漢書』「西域伝」より少し後れるが、『後漢書』「東夷伝」には、夫余《ふよ》、挹婁《ゆうろ》、高句麗《こうくり》、東沃沮《よくそ》、濊《わい》、韓《かん》、倭《わ》の諸国が続く。このなかで、海がないのは夫余だけで、特に倭は四面皆海の島である。

倭は、韓の東南、大海の中に在り、山島に依りて居《すまい》を為す。凡そ百余国、武帝朝鮮を滅してより、使驛《しえき》を漢に通じる者三十国ばかり。国は皆王を称し、世々統を伝ふ。其の大倭王は邪《や》馬台国《またいこく》に居る。

とあり、群小百余の国があるが、その中で三十ばかりの国が漢に使を遣していた。倭国連合の大倭王は邪馬台国を都とした。続いて倭国の状況を詳しく述べているが、なお『魏志』「倭人伝」には三十ばかりの国名まで列記しているので、狗邪韓国《くやかんこく》を経て対馬国、一支国《いき》、松盧国《まつろ》（唐津市）、伊都国《いと》（前原市）、奴国《な》（福岡市）の順に通行したことが分かる。

倭に百余国あったとき、韓土の馬韓《ばかん》（京畿道・忠清道・全羅道）には五十余国あり、弁韓《べんかん》（慶尚道西南）に十二国、辰韓（慶尚道東部）にも十二余国あり、これが後に、馬韓は統一されて百済《くだら》となり、辰韓も統一されて新羅《しらぎ》となるが、弁韓は伽耶《かや》（あるいは加羅）と呼ばれる連合体が長く続いた。

そのとき倭の百余国もサバイバルの戦いが続いたようで、『後漢書』には「倭国大乱」と記しているが、『魏志』「倭人伝」には、倭国乱れ、相攻伐すること歴年、乃《すなは》ち一女子を共立して王と為し、名づけて卑弥呼《ひみこ》と曰《い》ふ。

と伝えている。百余国が三十国ばかりとなり、各地方ごとに強力な連合体ができ、さらにサバイバルが続いた結果、統一国家ができたことを歴史は語っている。

3・文化の交流

西域の牧民と、東海の漁民の生態に共通の習性や文化を感じたものだが、この両者がまた歴史的によく似た存在感を示していることに気がついた。その図らずも果した文化史的役割を想うとき、文化の発達段階における偶然の相似性が、実は必然だったようにも思えてくる。図らずもというのは、彼等にとって通交の目的は交易であって、文化の交流に貢献したのはその結果であり、彼等に文化の担い手という使命感があったとは思えないからである。

なお民間の自由な交易とは別に、国家間の朝貢《ちょうこう》という形の取引があって、その際も彼等が運搬に従事したはずである。朝貢とは、各地の諸国が宗主《そうしゅ》国へ貢物《みつぎもの》を献上し、そのお返しとして宗主国より素敵《すてき》な物を下賜することで、この形の交換を朝貢貿易という。前記倭の諸国が魏に使譯を通じたのは、この朝貢を指したものである。ちなみに邪馬台国の女王卑弥呼が魏朝に貢上した品目と、下賜品目を『魏志』「倭人伝」により次に示す。

景初二（二三八）年六月の遣使は、

男生口四人、女生口六人、班布《はんぷ》二匹二丈を献り、以て到る。（中略）

汝を以て親魏倭王《しんぎわおう》と為し、金印紫綬《きんいんしじゅ》を授けられ、（中略）

絳地《こうぢ》交竜錦五匹、絳地縐粟罽《すうぞくけい》十張、蒨絳《せんこう》五十匹、紺青五十匹を以て、汝の献ずる所の貢直《こうち》に答う。又特に汝に、

紺地句文《くもん》錦三匹、細班華罽《さいはんかけい》五張、白絹五十匹、金八両、五尺刀二口、銅鏡百枚、眞珠、鉛丹五十斤を賜ふ、(後略)

これに生口とあるのは、とりこ(捕虜・俘虜)のことだが、男女十人の生口と、文様を染めた班布二匹二丈に対して、数々の豪華な織物と、金・真珠・鉛丹、それに銅鏡百枚というのだから驚く。このなかで特に考古学で問題になるのが銅鏡百枚で、各地の初期古墳から出土例の多い三角縁神獣鏡を、卑弥呼の鏡ではないかという論である。

なお卑弥呼の死後、宗女壱与(台与)が遣使したときは、

男女生口三十人を献じ、白珠《しらたま》五千孔、青大勾玉《まがたま》二枚、異文雑錦二十匹を貢す。

とあり、この白玉は真珠《またま》のことで、前には中国産の真珠を貰ってきたが、この時は倭国産の真珠を貢上したことが知られる。対馬に玉調《たまつき》という地名があるのは、真珠を調《みつぎ》とした名義を示しているが、松浦にも玉島の地名があり、同地の谷口古墳からは真珠の玉が出土している。なお五島にも玉の浦があり、大村湾の古名は玉の海、長崎港の古名は瓊《たま》の浦と称していた。

対馬は現在養殖真珠《しんじゅ》の名産地として知られているが、古代には天然真珠の産地であったことが『延喜式』雑式にも見える。西海の真珠が倭王の貢物として、中国の朝廷に届けられていたのである。

4. シルク・ロードの東と西

シルク・ロードという概念は、古代中国の中原から、はるばる西域を経て、西方に通じた行路を指すのが普通だが、漢代から中国の絹が運ばれたのはこの道ばかりではない。前項で見たように、倭国にも中国の京都から絹や錦が運ばれていたわけで、考古資料でも、弥生遺跡から出土した中国産の絹が知られている。

これは倭国だけでなく、中国に朝貢した国にはそれぞれ絹織物が賜与されたものと考えられ、朝貢路が開けた国は、それを利用して民間貿易も行われたはずで、朝貢貿易はその案内役を果したことになる。こうしてシルク・ロードは四方に通じていたようだが、ここでは東方の道に限って論を進める。

『魏志』「倭人伝」には、対馬国を叙述したなかで、「良田無く、海物を食して自活し、船に乗りて、南北に市糴《してき》す」と記している。市糴とは、通交貿易の意で、南は日本列島、北は朝鮮半島にほかならず、南の港市（貿易港）は奴国《なこく》（福岡市）が主で、東は瀬戸内まで通交したことが、弥生時代の考古資料で知られている。また北の港市は狗邪《くや》韓国（金海市）を拠点として、海浦に沿って北上し、漢の楽浪《らくろう》（平壌市）まで通交したことが、対馬の弥生遺跡から出土した青銅器や土器の研究で知られている。

なお黄海を渡って山東まで達した船もあったはずだが、具体的資料がまだ明らかでない。こうして東方のシルク・ロードは、主として対馬島民がその担い手であったが、これを主宰したのは対馬国の王であり、それに海商とも言える土豪が浦々にいたことが、浦々の弥生墳墓から考察される。

西方のシルク・ロードは山を越え、流砂を渡って行くのに対し、東方のシルク・ロードは波濤を越え、海原を渡ったのである。西域の隊商は駱駝《らくだ》や馬を使ったもので、彼等が本来牧民であるのに対し、東方の海商は船を操ることに長じたもので、その本性は漁民であった。

対馬は悪名高い〝倭寇〟の根拠地として知られているが、海商と海賊は表と裏の関係で、貿易が閉ざされた時代に海賊が起こることが言われている。

私は騎馬民族渡来説に全面賛成ではないが、海の海賊と陸の馬賊は、その目的、手段、方法によく似た点があると思うのは、平和的な通交、友好的な交易が行き詰まると、無闇に野性的暴力を振るうことがしばしば起こるが、その粗さ、その雷同性、事に臨んでの組織性など、その習性がよく似ていることである。しかしそれは民族的個性というよりも、それぞれの環境に因る生態的習性の類似だと思う。

対馬の弥生遺跡から、オルドス文化と関係のある青銅の短剣（触角式細形銅剣）が数例出土しているが、これは楽浪を介したものと考えられ、西方のオルドス辺と直接の交流があったのではない。また弥生中期の原対馬国の王墓かとひそかに考える墳墓（峰町ガヤノキ遺跡）から、前漢の鏡が出土しているが、これと同型の漢鏡が西トルキスタンで出土しているという。そこは大宛国の故地かと思うが、漢の京都（西安）から、東の対馬国と西の大宛国に、同型の鏡が流れていた。

三、縄文時代の〝海の道〟

1．土器の道・黒曜石の道

縄文時代から弥生時代における〝海の道〟については、前著『海人たちの足跡』で詳述したが、上県町の越高浦《こしたか》で、朝鮮半島の櫛目文土器に先行する隆起文土器が大量に出土して、学界に注目されたのが一九七二年で、この後、櫛目文文化の遺物も各地で知られるようになり、これが対馬だけでなく壱岐、松浦から北部九州、西九州にも達していることが明らかになっている。

越高浦の隆起文土器は、五つの類型に分けられるほど多様な土器群が出土したが、これらは、韓国釜山港内影島《ヨンドウ》の東三洞貝塚から出土していることが知られていた。なお越高ではこの外に、縄文早期末から前期にわたる土器群があり、その主たるものが轟《とどろき》式土器である。

この縄文土器に伴って、大量の黒曜石が出土しているが、

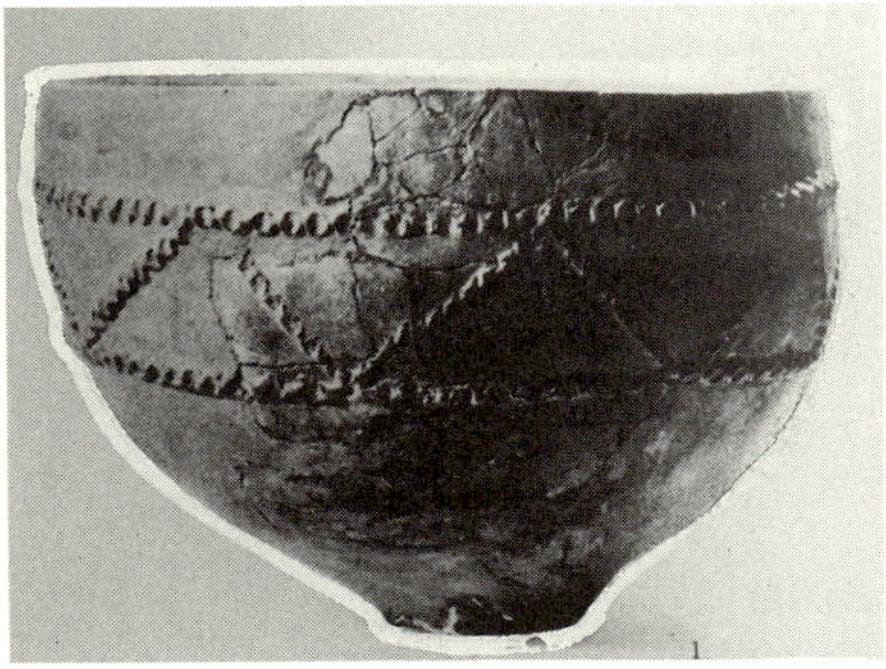

越高遺跡の隆起文土器

その黒曜石の産地は松浦で、大多数は伊万里《いまり》（佐賀県）の腰岳産と特定されている。この轟式土器と伊万里の黒曜石は九州一円に及んでいるが、これが海峡を越えて韓土にも達している。前記の東三洞貝塚で縄文土器と黒曜石が出土していることは、昭和前期に発掘調査した日本人研究者の報告で知られていたが、現在では韓国南辺の半島や島の貝塚でもよく見られる。

そこで海峡の北岸は櫛目文文化、南岸は縄文文化の時代に、相互に交流があったことを明示した資料といえる。まだ金属の利器がなかった時代に、最も鋭利な刃物は黒曜石で作られた。この黒曜石を出土した貝塚が海峡の両岸に分布している状況、及びその利器のなかに多くの漁具があることからみて、これが漁民の文化であることは言うまでもなく、その南北の交流には、漁期による漁民の移動も想定されなくはない。

対馬で最初に縄文貝塚を発掘したのは一九四八年、東亜考古学会の対馬調査のとき、上県町の志多留で貝塚を発見したときで、これ以来四回の発掘調査を通じ、縄文後期前半の鐘崎式土器を主とする縄文土器群と、石器・骨角器・貝器の類を出土している。それに四体の人骨を発掘したが、その形質は津雲《つくも》貝塚（岡山県）の人骨に極めてよく類似しているという（東亜考古学会の調

志多留貝塚の発見（1948年）
右より水野清一教授、三上次雄教授、左端が筆者

査報告『対馬』)。

このなかで、腕に貝輪を着けていた成人男性と、首に硬玉(ヒスイ)の珠《たま》を着けていたとみられる一体(性別不詳)は、おそらく聖者(呪術師)であろうと考えられるが、驚くことにそのヒスイの珠は、新潟県糸魚川《いといがわ》産のヒスイに違いないとみられることである。

糸魚川のヒスイが北部九州(福岡県遠賀郡山鹿貝塚)でも出ていることから、当時すでに日本海沿いに水路が開けていたことが推定されるが、越《こし》の海から対馬までの間には、能登《のと》・丹後《たんご》・島根・長門《ながと》の半島にそれぞれ拠点があって、通交圏を形成し交易の中継をなしたのではあるまいか。

2.南北文化の出会い

縄文中期から後期にわたる佐賀《さか》貝塚(対馬中部東海岸)が有名になったのは、日本海を南下してきた北方系漁撈文化と、東シナ海を北上してきた南方系漁撈文化が、この地で共存していたことを示す明らかな情報が提供されたからである。

前者には、シベリアから北米に分布した北太平洋型漁具がある。そのなかの結合式釣針は、最古の型がバイカル湖の辺にあるそうで、それが沿海州から咸鏡道・江原道に流れ、鰲山里《オサンリ》型(江原道鰲山里遺跡の標式名)と呼ばれているが、縄文後期にはこの型の結合式釣針が、対馬の佐賀貝塚、志多留貝塚でも出土している。これは慶尚南道の沿岸に分布したのが海峡を渡ってきたものので、この流れが西北九州から西九州にまで及んでいる。

それに加えて西北九州型といわれる新型の結合式釣針が出現し、これがまた海峡を越えて、慶尚道の南岸に達している。これと型は少し異なるが、同時期に遼東半島にも結合式釣針があることについては後述する。

また回転式離頭銛と呼ばれる精巧な刺突具が佐賀貝塚から出土している。これは縄文早期から前期に北海道から東北地方の太平洋岸に分布したもので、それが縄文後期には九州東岸まで達しているが、これが太平洋から対馬に来た経路は明らかでない。

なおこの離頭銛もルーツはシベリアということなので、それならば結合式釣針と同じ経路が視野にはいるが、朝鮮半島の情報がよくわからない。

また北洋にしか生息しない貝でこしらえたペンダントがあるのも、日本海の水路による交易かと考えられ、それには前記志多留貝塚のヒスイの例もある。

なお狩猟具としての〝鹿笛〟の出土は、日本列島では最古のものと報告されているが、朝鮮半島を含む大陸での例がよくわかっていない。鹿の角を粗材として、精巧な加工を見せるこの鹿笛が、民俗例としては近代まで山地民の世界にあったという。

以上の北方系文化に対して、南海産の貝のペンダントがあることは、南島（琉球諸島）との関

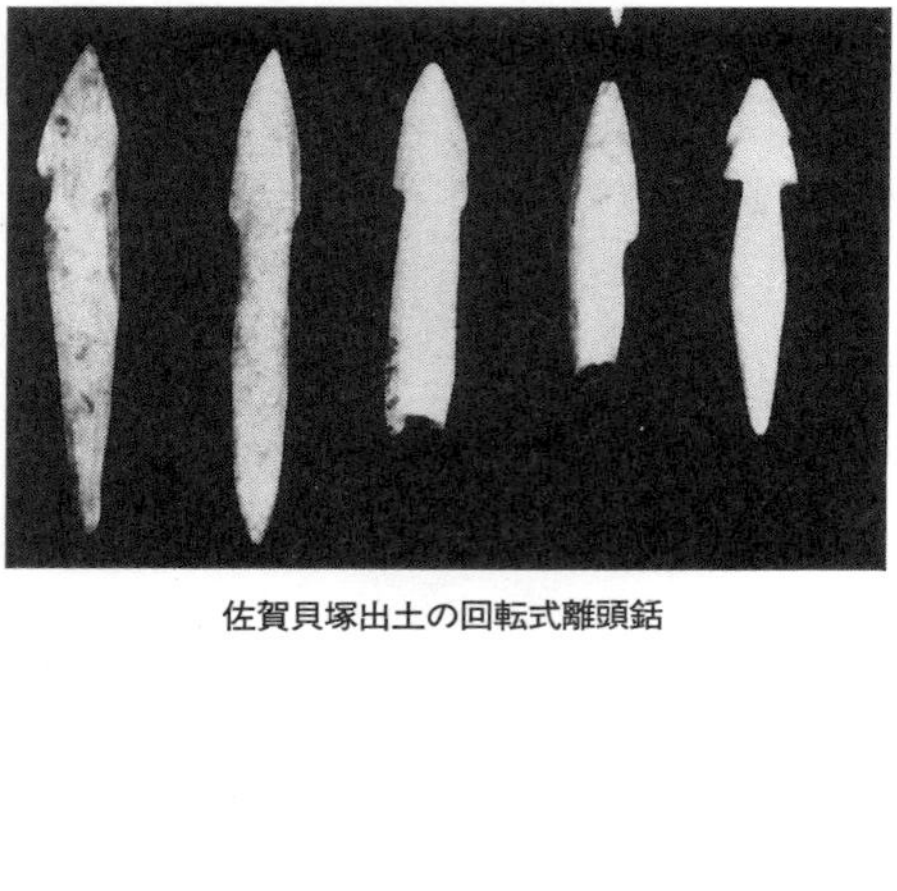

佐賀貝塚出土の回転式離頭銛

係が想定され、それには五島列島・薩摩半島を拠点とする中継が推定される。そこには共通の土器や漁具がみられるので、環東シナ海文化圏の一環として、この海域が位置づけられる。

これの極めつきは潜水漁法である。佐賀貝塚でも志多留貝塚でも、陸岸から捕れない深海性の貝の殻があるだけでなく、出土した人骨の成人男子には、その多くが外耳道に病理的骨腫が認められると報告されている。この外耳道骨腫は潜水漁民の職業病といわれるもので、深海性貝類の採取と合わせて、この時代に〝潜《もぐ》り〟を業とする者がいたことは確かだといえる。

倭の水人の潜りについては『魏志』「倭人伝」に明記されていることだが、その伝統は縄文時代からすでにあったことを示唆している。

なお「倭人伝」の対馬国の記述に、「良田なく、海の物を食して自活し、船に乗りて南北に市糴す」とあるが、この南北市糴の実態も、縄文時代からすでにあったことをここで述べておきたい。それには前記結合式釣針など、渤海湾口（遼東半島・山東半島）と対馬海峡（朝鮮南部・西北九州）に共通した漁具と漁法があったことも、東シナ海の道を示している。

それはまさしく稲作栽培を含めた雑穀農耕文化と密接に係りあっていたことを意味するものであり、日本における農耕文化成立に重要な役割を担っていたことを雄弁に物語るものである。

と甲元眞之はいう（甲元眞之「環東中国海の先史漁撈文化」）。

四、弥生時代の南北市糴

1.『魏志』「倭人伝」の対馬国

『魏志』「倭人伝」が「対馬国」の叙述に要した字数は六四文字、倭人諸国のなかで最も多い。韓土の南辺狗邪韓国（金海）から、

始度一海、千余里至対馬国。其大官日卑狗、副日卑奴母離。所居絶島、方可四百里、土地山険、多深林、道路如禽鹿径。有千余戸、無良田、食海物自活、乗船南北市糴。

とあり、卑狗《ひこ》（日子・彦）という大官と、卑奴母離《ひなもり》（日ノ守・火ノ字）という副官がいたことがわかる。絶島とは巧い表現だが方四百里ばかりというのは正確でない。土地は山険しく、深林多く、道路は禽《とり》や鹿の径《みち》のようだというのはよくわかる。千余戸とは全島の実数なのか、国邑（大官が居る所）の数なのか不明。

良田が無いのはその通りで、海の物を食って自活し、船に乗って南北に市糴する様もよくわかる。市糴とは、「物を買ふを市といひ、粟を買ふを糴といふ」と『大漢和辞典』（諸橋轍次）にあるが、この粟《ぞく》は穀物を指す。南北市糴の南は北部九州、北は韓土の東南部で、この両方に通交し中継貿易を行なったものと解される。その貿易の実態が、大筋で明らかになったのは、現代考古

学の成果である。考古学で発掘した遺跡・遺物が、当時の情報を語ってくれる。

2. 考古資料が示す市糴の物語

縄文時代には最短距離を対馬・壱岐・松浦と結ぶ道が主流であったが、弥生時代になると北部九州が倭の拠点となり、朝鮮側も洛東江下流域の平野部に拠点が形成された。弥生時代の壱岐・対馬は、一貫して北部九州の土器文化圏にあり、夜臼《ゆうす》式（縄文終末）から板付式（弥生前期）、中期の城ノ越《じょうこし》式（前半）、須玖式（後半）、後期の高三潴《たかみづま》式（前半）から終末の西新町式まで、博多湾地域の土器編年が通用する。

対馬でも全島に弥生遺跡があるが、その中でも遺跡の密集した主要な所として、北部の上県町佐護《さご》川流域、中部の峰町三根浦、豊玉町仁位浦、南部の美津島町雞知《けち》が挙げられる。

三根浦の井手遺跡では、弥生初頭の板付Ⅰ式・Ⅱ式土器が広く分布しているなかに、朝鮮半島の無文土器が検出され、また抉入《えぐりいり》石斧の断片が出土している。これが弥生時代における初期の南北市糴を語る確実な物証となるわけで、これと類似した情報が、三根浦から分かれた吉田浦の貝塚にあり、また縄文貝塚で述べた上県町志多留貝塚の上層でも知られている。

中期になると、箱式石棺を主とする墳墓群が各地に出現するが、そのなかで三根のガヤノキの破壊された墳墓遺跡から、前節（アジア史における東海と西域）で述べた前漢鏡が出土している。この墳墓が対馬国の原始の王墓であった可能性が高いと思うが、このほかにも、高松段、坂堂など、貴重な青銅器と玉を出土した遺跡がこの地域に集中していることから、おそらく対馬国の首都（国邑）であったろうと思われる。

このガヤノキでも高松段でも土器は倭国の弥生土器だが、青銅器は大陸系が主流で、それに倭国産の青銅器もある。そのなかに、触角式細型銅剣と呼ばれる珍しい剣が二例ある。把頭部に甲虫の触角のような突起があるこの銅剣は、遊牧騎馬民族の剣制だといわれている（秋山進午「中国東北地方の初期金属器文化の様相」ほか）。

このほか珍しい青銅器が色々あるが、なかには韓国には例がなく、北の平壌博物館で同類が見られることから、これらを入手した所が楽浪郡《らくろう》（朝鮮半島西北部）であったことを示唆している。倭の奴国王の使が後漢に朝貢した一世紀中頃には、対馬国の使船も楽浪郡に往来していたものと考えられる。一世紀後半は考古学では弥生後期になる。

この頃から、弥生土器と異なる形質の土器が登場する。これが陶質土器と呼ばれる舶来品で、その初期のものは瓦質土器ともいうように、焼成の粗いものがある。この陶質土器にも楽浪系と伽耶《かや》系があり、これが青銅器と伴っていたことを考えさせる。この伽耶の地は洛東江流域から南海岸に及ぶ一帯で、加羅《から》ともいうが、後には任那《みまな》とも呼んだ所である。

この頃伽耶の遺跡から、弥生系の土器、及び倭国産の青銅器を出土した例があるのは、その他に居た倭人のものかと考えられる。北は楽浪まで行った対馬の船は、「大陸では廃品となった青銅器を回収して、倭国に運んだのであろう」というのは、その頃、倭国ではあの巨大な銅矛や銅鐸が作られた時代だったからである。青銅器には、銅のほかに鉛や亜鉛が含まれている。その銅の産地は不明だが、鉛については産地が特定できるそうで、それによると、あの銅鐸の鉛は中国

青銅剣把頭飾

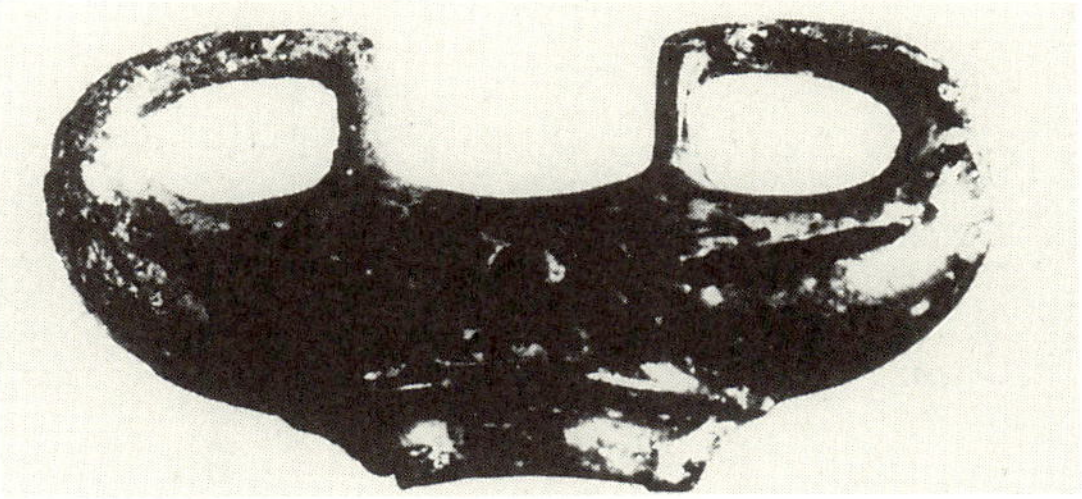

（峰町三根出土）

（峰町吉田出土）

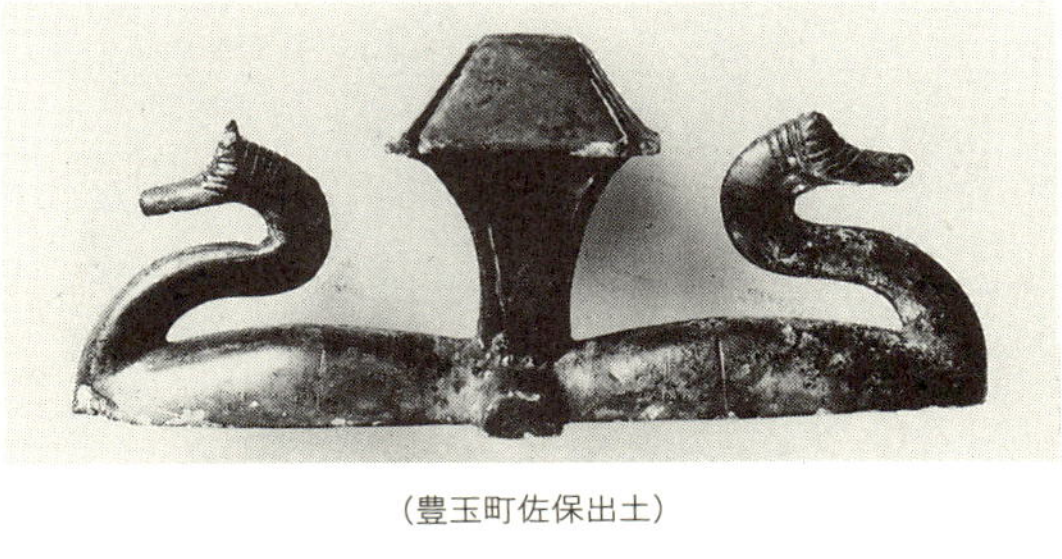

（豊玉町佐保出土）

北部の産だという。これは北方系の青銅器の廃品を鋳つぶして、再生したことを示唆している。南北市糴の海路は瀬戸内の果てまで通じていたのである。

3・『魏志』「東夷伝」の韓と倭

弥生後期には、対馬の中心が三根から仁位に移ったらしいが、その頃東夷と呼ばれた国々は、北から夫餘《ふよ》、高句麗《こうくり》、挹婁《ゆうろ》、濊《わい》と続いて、半島の南部を韓という。

韓は帯方の南に在り、東西は海を以て限り、南は倭と接し、方四千里ばかり。三種有り。一に曰う馬韓、二に曰う辰韓、三に曰う弁韓。

とあり、これに帯方というのは楽浪郡の南部を分割した新郡で、勿論魏に直属していた。黄海道から京畿道に及ぶ辺りといわれる。

馬韓は帯方郡の南、忠清道・全羅道の一帯で、およそ五十余国あり、大国は万余戸、小国は数千家で、総十余万戸とある。馬韓の西方海上に「州胡」という大島があり、そこの人は言語が韓と異なると記しているが、これが済州島のことである。

辰韓は馬韓の東にあり、東海（日本海）に沿った慶尚道の一帯で、その人は秦人《しん》に似ているとして、秦韓とも書いている。始め六国有ったのが、分かれて十二国になったと記している。

弁韓は弁辰十二国とあるが、その地域は明記していない。また弁韓・辰韓合わせて二十四国、その国名を列記している。その大国は四、五千家で、小国は六、七百家、総四、五万戸とある。弁韓は馬韓と辰韓に挟まれた伽耶の地で、「辰韓と雑居」と記している。その土地は「美肥」で、

主な産物を記しているが、そのなかで、

　国、鉄を出し、韓・濊・倭皆之を取る。諸の市買（取引）は皆鉄を用い、中国にて銭を用いる如し。また以て二郡（楽浪・帯方）に供給す。

とある。この鉄の生産と交易に、倭人も参入していたことが明記されている。この弁辰十二国のなかに「弁辰狗邪国」とあるのが狗邪韓国で、鉄が銭のように流通したという交市であった。韓人のほかに濊人、倭人、中国人もいた国際都市だった様子がうかがえる。

狗邪韓国すなわち弁辰狗邪国は、このあと金官駕洛《から》と呼ばれるが、近年その王都であった金海の良洞里遺跡や、続く大成洞遺跡が発掘調査され、重要な情報が得られたなかで、良洞里では対馬と関係した遺物が多いのに驚いた。また大成洞遺跡が環濠集落であったこと、その出土品に、筒形銅器、巴形《ともえがた》銅器、碧玉製の玉杖《ぎょくじょう》など、倭国から渡ったとみられるものが話題になったが、このほか金海貝塚、府院洞貝塚、池内洞遺跡、礼安里墳墓群など、倭人と接触した遺跡が集中している。この地より「始度一海、対馬国」となるわけで、この地は対馬や壱岐の船が市糴した交市であった。

倭人の最初の国「対馬」は前述した通りなので、次の一支国（壱岐）についてみてみよう。対馬から南に、

　又南渡一海千余里、名日瀚海、至一大《（支）》国。官亦日卑狗、副日卑奴母離。方可三百里、多竹木叢林、有三千許家、差有田地、耕田猶不足食、亦南北市糴。

とある。対馬の南の海を瀚海《かんかい》というのは、玄海の古名とする説が通っている。一支国も官を卑

狗、副を卑奴母離というのは対馬と同じで、南北市糴も同じだが、島の環境は異っている。やや田地有りというのも正確で、国邑に比定される「原ノ辻」付近は田地がある。原ノ辻遺跡は環濠や船着場も発掘され、『魏志』「倭人伝」所載の国々で、その国邑（王都）が確定した最初の発掘例として有名になった。

この壱支から松浦に渡る。

又渡一海、千余里至末盧国、有四千余戸、浜山海居、草木茂盛、行不見前人。好捕魚鰒、水無深浅、皆沈没取之。

とあり、この末盧とは松浦にほかならず、国邑は唐津と推定されている。唐津湾に注ぐ佐志《さし》川の河口に近い徳蔵谷《とくぞうだに》遺跡は、縄文中期から後期に及ぶ拠点集落があったとみられる豊富な遺物を出土している。また最古の水田遺跡が発掘された縄文晩期の菜畑《なばたけ》遺跡も近くにある。弥生時代になると前期の宇木《うき》遺跡、中期の桜馬場遺跡など著名な遺跡が多く、国邑はこの桜馬場の辺りと推定されている。倭人の特技とした潜水漁法を、「水の浅い所でも、深い所でも、全身沈没して、魚や鰒を捕る」とした描写が面白い。次は陸行して、伊都国に向かう。

東南陸行五百里、到伊都国、官日爾支、副日泄謨觚、江渠觚。有千余戸、世有王、皆統属女王国。郡使往来常所駐。

「伊都国」と好字を以て表記しているのは異例のことで、世々王あるも、今は女王国に統属しているという。そして帯方より派遣された郡使が常駐する所というのである。これには並の国とは思えないところがあり、邪馬台国が興る以前は、伊都国が倭の中心であったと考える説がある。

国邑は前原で、三雲、井原、平原など重要な宝器を出土した遺跡があり、王墓に比定される弥生古墳がある。

それにしては戸数千余戸というのは貧弱で、これは『翰苑』校釈に引く『魏略』の「到伊都国、万余戸」とあるのが妥当といわれている。

また瀚海の名称について思うことは、『漢書』の「匈奴伝」および「霍去病伝」に瀚海が見え、それは北のバイカル湖を指しているのだが、この瀚海の名をもって一支、対馬の海を表すのは、伊都国から見た名称ではあるまいか。ちなみに玄海という名も北の海を指す。次に

東南至奴国百里、官日兕馬觚、副日卑奴母離、有二万余戸。

とあり、これが有名な倭の奴国である。博多湾南岸の福岡平野に君臨し、後漢の光武帝より「奴国王」の金印を授けられたのが西暦五七年、北部九州の先進国として繁栄した大国で、二万余戸という戸数がその存在感を示している。弥生前期の板付遺跡をはじめ主要な遺跡が多く、国邑は王墓に比定される須玖岡本遺跡の辺りとみられている。壱岐・対馬が南北に市糴した南の交市は奴国であった。次は

東行至不彌国百里、官日多模、副日卑奴母離、有千余家。

この不弥国もまた副官は卑奴母離で、これで対馬・一支・奴・不弥と四ヶ国に同名の副官がいたことになる。不弥国の名は現宇美《うみ》町に通じるが、飯塚市の立岩遺跡に王墓級の弥生墳墓があり、この辺りがその国邑とみられている。

この不弥国までは北部九州にその所在が比定できるが、これに続く投馬国（五万余国）及び邪

馬台国（七万余戸）は、諸説定まらずこれを論じる余裕はない。邪馬台国は「女王之所都」とあり、倭国を統べる女王卑弥呼の都とした所で、その戸数七万余戸は、倭人国のなかだけでなく、東夷伝の世界に突出している。

五、矛を祀る関門の鎮守

1.青銅器王国といわれる対馬

対馬の弥生遺物で青銅器が特に注目されたのは、北の楽浪郡から舶載された珍しい青銅器と、南の奴国から来た倭国産の青銅器が異常に多いことである。前者は、大陸では青銅器時代はすでに終り、世は鉄器時代に移行したとき、その廃品を回収して、これを倭国に運んだもので、それが倭国の巨大な銅鐸や銅矛に再生される原料となったらしいことである。対馬で出土したものは、その輸送途上の一部というわけだ。

後者の銅矛はその再生された宝器である。これを造ったのは奴国の工場で、その鋳型が各種出土している。鋒《はさき》の広い青銅矛で、中広を含めて一四〇余の出土例がある。その矛の出土状況、遺跡の立地条件、神社の御神体及び

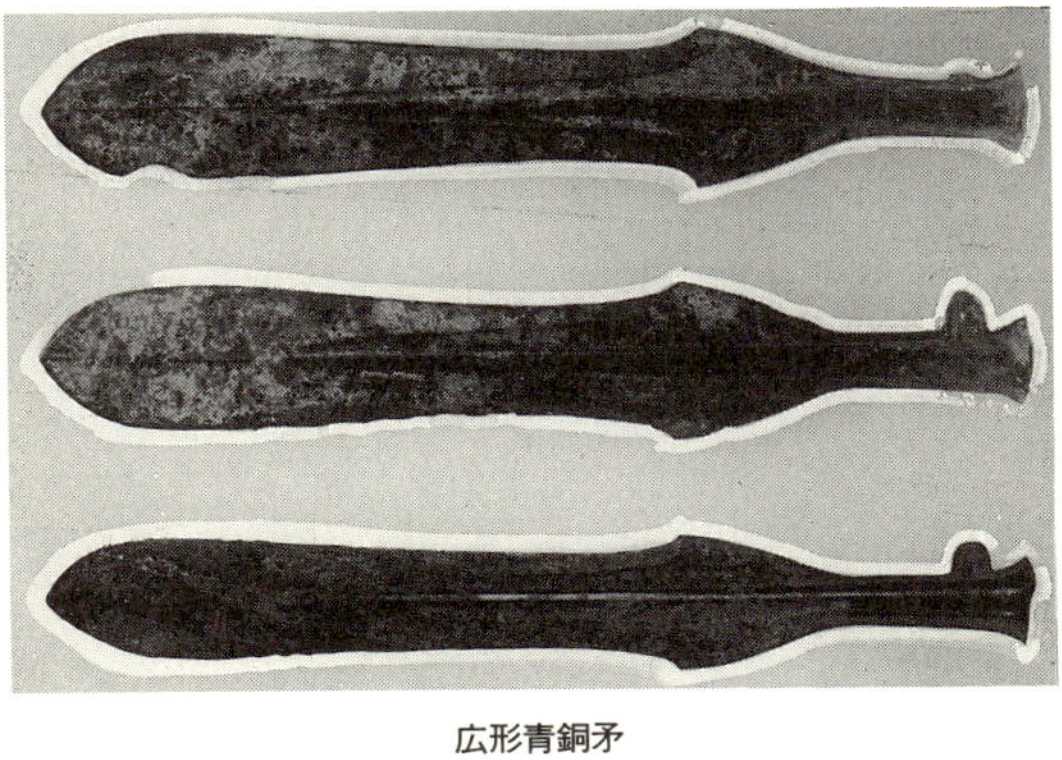

広形青銅矛

神器とされている例、祠に祀られていた例、島外に流れた矛も調べた上で、「矛と祭り」と題した論考を出したのは一九八二年であった（森貞次郎博士古稀記念『古文化論集』後に拙著『古代日本と対馬』に収録)。

その要点を一部補正しながら再言したい。銅矛の総数を一三五と発表したが、今はこれに六例を加える。遺跡の数を、海辺にある所を二九、山辺にある所を一九としていたが、これが今は二〇で、不明五は変わらない。

これを分布図にしてみると、島の中央部に最も多く、北部がこれに次ぎ、南部が少ないのと、全体に西海岸に多く、東海岸に少ない情況を示している。これは国邑があった位置を反映しているようだ。

対馬に銅矛が多いことについては、東亜考古学会の報告書に、「鋳造地である筑前をはるかにしのぎ、九州全体をも圧倒する奇現象を呈している」として、この広鋒青銅矛分布の意義、及び青銅広矛の機能を考察した上で、

この国土のはてを離れるに際し、なにかの祭儀を、この対馬において行うのに、この広鋒青銅矛が、その儀式のうちに、なにかの役わりを演じたのではなかろうか。

として、この矛の用途をいろいろ調べ、対馬の現実的な活力が海上活動にあったのではないかとみて、

その海上活動に最も必要なものとして、これらの広鋒青銅矛が対馬の津々浦々まで分布したのではなかろうか。

とされている。以来「国土のはての祭儀」と、「海上活動に必要なもの」というのが通説とされている。筆者がこれに異論を立てたのは、島内の広矛出土地が、集落の海辺にある所と、山辺（山中）にある所とあり、この山中の遺跡には、これを海上活動と関係させる理由がみつからないからである。

この山側と海側と、両方に遺跡を持つ所として上県の佐護と仁田、中部の三根と仁位と綱浦があり、南部では雞知と久根がある。いずれも数ヶ所の集落を合わせた島内では大きな村である。海辺の遺跡は船着場に近い小高い丘（段丘状の岬）が多く、海中の島にある例もある。これだけだと海上活動の祭儀として異論はないのだが、問題は山側の遺跡である。

山辺（山中）の遺跡というのは、蛇行して幾つもの集落を貫流する川が、山地から原に出る辺の段丘か、谷川が合流する渕の崖上に、自然の盤座《いわくら》になった所もあり、なかには矛大明神と称する祠に祀った所が数例ある。

2. サエノカミ祭り

この矛神と類似した神にサエノカミ（塞之神）がある。古い集落にはどこもあったものだが、今ではセーンカミという地名と、石積みの壇か、石囲いの祠が遺っている所が多い。川沿いの山道が、いよいよ山に登る辺に設定された祭場で、旧暦正月二日早朝、村中の男児だけで祭りをした。筆者が生れた里（上県町志多留）は古い形をよく伝承していたので、祭場の神前に、子供たちが自作した木製のナギナタを配列したものである。

考えてみるとこのナギナタは、その儀器の呪力によって悪霊・邪神を祓う意に相違なく、人里と自然界の境において、村の安泰を祈る年頭の祭りであった。祭りの手数のなかで、村の繁盛を歌う祝詞があった。サエノカミとは、古典神話にいう塞《さえ》之大神にほかならず、悪霊・邪神が村に入ることを塞《ふさ》ぐ神だったのである。

そこで考えたことは、あの長いナギナタは、本来郷邑の関門に祀られた広形銅矛の擬器ではないか、ということである。郷村の関門は山からの出入口と、海からの出入口と両方にあるわけで、銅矛遺跡の立地条件と合うことになるわけだが、国の祭祀ならともかく、郷村の祭祀にどうして貴重な銅矛を使うか、という批判がある。

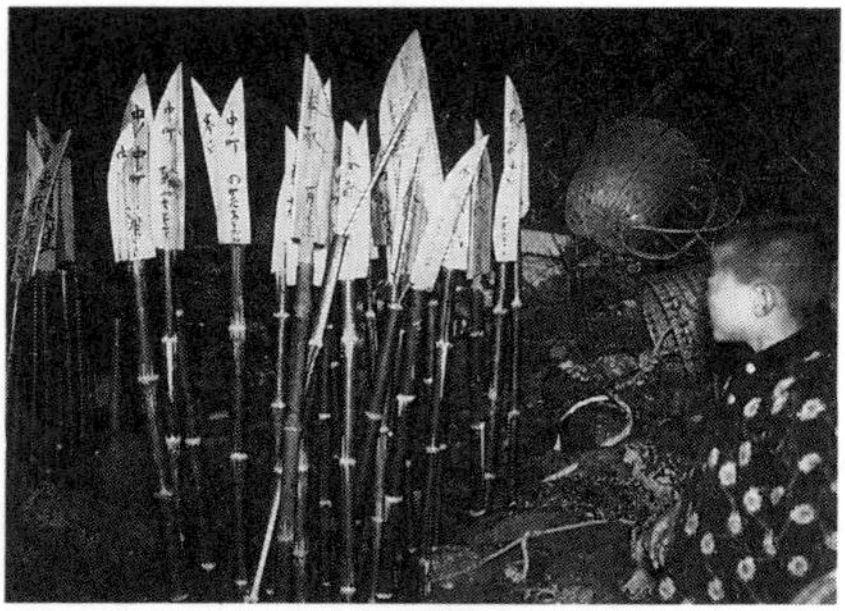

サエノカミ祭りのナギナタ

原初の國は小さい地域であった。中国の国邑（都城）は城壁で囲ったが、田舎では山と川と海をもって彊域を定めたもので、その出入口を〝門閭〟とか〝郷関〟と呼んだのがこれである。

中国では殷の時代から、悪霊を防ぐ霊具として、矛や戈、戟を用いたことが知られている（矛・戈・戟の形は異なるが、日本ではいずれもこれをホコという）。

河南省安陽の殷墟小屯遺跡では、宮殿の門の左右に、ひざまずいて、矛を持った形の人骨が出土している。

3. 殷墟安門の矛

殷墟から出土したその人骨は矛《ほこ》を持ち、犬を伴っていることから、この人間は門番と考えられ、この門番と番犬を犠牲として埋葬されたものとみられている。これを安門墓というのである。これについて貝塚茂樹は、

安門とは、門のそばで門番と犬とを殺して埋めることにより、外敵の侵入を防ぐ門の機能を確実にしようとしたものである。その外敵というのは外界の悪霊、怨霊によって代表され、そういう悪霊が宮内にまぎれこむことを防ぐために、門番と犬との死霊によって監視させたのであろう。これらの儀式が原始的な呪術信仰の表現であることは言を待たない（貝塚茂樹「殷墟における安門墓」『中国の古代国家』）。

と説明されている。この外界の悪霊は門からだけ入るのではなかったようで、王陵の地下にも腰坑《ようこう》があって、石製の戈を持つ武人と犬一匹が埋められているという（白川静『甲骨文の世界』）。王宮の出入口には門という建造物があり、そこで安門の儀式が行われたように、郷関においても、何等かの呪術的行事が行われたはずで、その流れが塞ノ神の祭祀のように考察される。中国西南山地の少数民族の村々では、関門に当る路傍に素朴な門があったり、木偶や石祠があるが、これは本来わが国のサエノカミと共通の根を持つ呪術信仰の流れだったのではないかと考えた。

なお郷里の神社を鎮守と呼ぶのも、本義は人里の鎮護であり、その祭儀は正に鎮呪である。大祭の神幸式の先導に、長柄の矛を掲げる所があるが、その神社の神庫には、神器として弥生の青

銅広矛を蔵している（峰町木坂の海神神社）。

六、海峡をめぐる古墳文化

1. 対馬の古墳

北部九州では、弥生終末期（三世紀）に古墳の定義に適《かな》うような弥生古墳が出現する。倭国における定形の古墳は吉備《きび》（岡山県）と大和《やまと》（奈良県）が早いといわれるが、その定形とは前方後方墳、前方後円墳、円墳、方墳と四つの基本型がある。

この本格古墳が対馬に出現したのは四世紀の築造といわれる前方後方墳で、美津島町雞知の小高い山の上にある。『津島紀事』に「出居塚」と記載され、〝鬼の岩屋〟と呼ばれていたものだが、盗掘されていた竪穴《たてあな》石室から出土した遺物は、柳葉形銅鏃一二例と、埴輪《はにわ》の断片かと見られる土製品だけで、この銅鏃は畿内型前期古墳の指標とされる遺物の一つである。

これに続く古墳として、出居塚の東方の海岸に子曽《ねそ》古墳群があり、前方後円墳三基（一基は消失、二基は前方後方の疑いもある）と円墳が二基遺っている。このほかにもあるが、要するにこの古墳の意義は、『古事記』に「津島《つしまのあたい》直」と記し、『日本書紀』には「対馬県直」と見え、『先代旧事本紀』に「対馬県主」と見える一族の奥津城《おくつき》と考定される。

弥生時代には、中期は三根浦、後期は仁位浦にあった対馬の中心が、古墳時代には雞知に移ったことを示している。この雞知の地は東の高浜と、北の樽ヶ浜《たるがはま》と両方の船着場を擁し、前者は壱岐・筑紫に直通し、後者は韓国に通じる水路である。正に〝南北市糴〟の要地であり、時は朝鮮半島の情勢に倭の王権が介入しはじめた頃である。

この雞知地方以外で特に注目される古墳として、島の西南部（厳原町小茂田）の矢《や》干山《たてやま》古墳があげられる。それは矢干山二号墳の横穴式石室が、他に例のないT字形の墓室になっていることである。この形式は日本列島では丹後《たんご》から能登《のと》の地方にもあるが、この墓制は高句麗式といわれ、韓国では漢江上流（忠清北道）以南にはないといわれている。百済《くだら》や新羅《しらぎ》にはなかった墓制が、高句麗から直接、対馬・丹後・越《こし》の地方に来たことになるのか。水路による交流は途中を飛ばして意外な現象を見せることがあるもので、これもその例にあげられる。

なお二号墳のT字形石室には、左右の室にそれぞれ木棺があり、埋葬時が異なることから、これは夫婦合葬墓とみられている。有名な夫婦合葬墓として、この時代に唐では乾陵（高宗・武后）の例があり、日本では天武・持統陵の例がある。

2.対馬の須恵器と陶質土器

対馬では弥生時代から陶質土器があることは前述したが、その最初は楽浪系のもので、弥生後期初頭（一世紀後半）の頃からこれがある。古墳時代になると硬質になり、南韓の伽耶地域で製作されたものが舶載されるが、最近、これらの土器の胎土分析により、その製作地が特定されるまでに研究が進んだことを紹介しよう。

先年『朝鮮三国時代陶質土器』の研究を発表した泉武、三辻利一は「対馬の遺跡出土陶質土器」の胎土分析を発表した。対馬には地元で須恵器を焼いた窯跡がないことから、陶質土器は韓国産、須恵器は日本列島のどこかで生産したものと、漠然と考えていたものが、産地が特定された意義は実に大きい。第一に驚いたのは、対馬北端の豊浦から南端の豆酘《つつ》浦まで、三十六ヶ所の遺跡から出土した須恵器の大半が大阪府の陶邑古窯《すえむらこよう》群の産ということで、予想していた福岡県甘木古窯群の産は意外と少なく、その外に産地不明のものがある。

また陶質土器については、伽耶諸国の窯である余草里窯群、内谷洞窯群、磻溪堤窯群が多く、それに百済の三竜里窯群のものがある。そこで多くの土器を出土した三根のガヤノキ遺跡を見てみると、ここに挙げた内外のすべての窯の土器を出土している。なかには古式須恵器（伽耶産か）と見られていた土器が、実は大阪の陶邑の産であったり（浜久須の朝日山遺跡の例）、その反対の例もあったりして、初期の須恵器は陶質土器とよく似ている。

これは初期須恵器の職人が、伽耶からの渡来人であったことを示唆している。須恵器とは陶器にほかならず、陶邑とは製陶の職人集団がいた村である。弥生時代から対馬の船が畿内に通交したことは前述したが、その交易品として多くの陶器も積まれていたわけである。

3. 壱岐の古墳

壱岐の対岸「末盧国」（唐津）には、西北九州最古の本格古墳として久里双水古墳があるが、壱岐での出現は対馬よりおくれる。

壱岐に高塚古墳が出現したのは五世紀末か六世紀初頭といわれ、古墳時代後期から末期のものばかりだが、その数が異常に多く、長崎県では群を抜いて密度が高い。その発生の時期は『日本書紀』顕宗紀に、「壱岐直《いきのあたい》」の祖が見えるのと無縁ではないと思うのだが、以来多くの古墳が相継いで造営された。現在では二五〇余基が確認されて、〝古墳の島〟と呼ばれている。

古くから「鬼の岩屋」と呼ばれた大きな円墳をはじめ、その多くは古墳後期の円墳で、そのなかには、墳丘の直径六六メートルの大型円墳で、珍しい金銅製の馬具を出土した笹塚《ささづか》古墳（勝本町）があり、また全長九〇メートルの見事な墳形（前方後円）を見せる双六《すごろく》古墳（勝本町）が光っている。

最初の高塚とされる大塚山古墳（芦辺町）は原ノ辻遺跡に近く、島の南部に幾つもの古墳群があるが、後には島の中央部に濃密な分布圏が形成され、また北部（勝本町）に有力な古墳群が形成された。

六世紀前半は継体朝、中頃は欽明朝で、以来朝鮮半島情勢が緊迫した時代に、壱岐は爆発的な古墳の築造ブームに湧いたことを示している。

4・伽耶の古墳

韓国における古墳の定義は日本と多小異なる。日本は前述したように、前方後円墳、前方後方墳、円墳、方墳という定形の高塚墳墓に限定するので、弥生時代に墳丘をもつ墓があっても、それは弥生墳丘墓と呼ばれ、古墳とは呼ばれなかった。また古墳時代になっても、墳丘をもたない墓は古墳とはいわないので、対馬の箱式石棺墓は「古墳時代の箱式棺」と呼んで、弥生時代の箱式棺と区別する。

ところが韓国では、無文土器の時代から木棺墓が多く、これは地下に埋設されたもので墳丘はない。南海の固城湾には箱式石棺墓があり、これは対馬の箱式石棺とよく似ている。この木棺墓時代が紀元前一世紀後半から紀元二世紀前半といわれるが、それは西日本の弥生中期から後期に当り、その後木槨墓へと変わる。

日本では弥生時代から墳丘墓が出現し、弥生終末期には古墳が成立しているが、韓国では墳丘墓ではなく、地下式木槨墓であった。

それは釜山市老圃洞墳墓群、金海市良洞里墳墓群、金海大成洞古墳群その他有名な墳墓群（古墳群）があるが、墳丘はない。

金海大成洞古墳群を発掘調査した申敬澈（現任釜山大学校）は、成果の第一として、

狗邪韓国と金官伽耶の画期を考古学的に明らかにできた点です。すなわち金官伽耶成立期の画定ということです。（中略）特定木槨墓の登場こそが伽耶地域、さらには朝鮮半島南部における最初の古墳の発生であると規定することができるからです（「四・五世紀代の金官伽耶の実像」『巨大古墳と伽耶文化』）。

というように、墳丘はなくても、特定の条件が認められる墓は、これを古墳というのである。その特定の条件とは、第一に立地条件として、丘陵部の稜線上に、支配者的存在を示す規則性を

もっていること。第二に大型化して、豊富な副葬品を持っていること。第三に甲冑《かっちゅう》、馬具、鉄製武器を持っている例。第四に殉葬《じゅんそう》の風習を確認される例。などがあり、これすなわち王墓という認識である。

古代中国では、殷代から戦国時代まで、王墓は地下に営まれた宮殿の観があるが、地上に巨大な墳丘を造ったのは秦の始皇帝が最初で、漢の皇室がこれに倣ったものである。地下式王墓から後に墳丘墓に移行する韓国の例は、中国と時代は異なるが流れとしては同じといえる。

申敬澈はさらに言う。大成洞遺跡及び良洞里遺跡の日本系出土品から見て、「狗邪韓国時代の日本との交渉は、九州北部が主な相手だったのに比べ、金官伽耶のときの日本との交渉は、対象地域が畿内に変ったことを明確に示すものだと考えられます」と。

その金官伽耶の始まり、すなわち古墳出現の年代は「三世紀末であろう」という。だとすれば、古墳出現の時期は日本と同時代になるわけだが、韓国の古墳にはまだ墳丘がないのである。

そこで墳丘墓の出現はいつかといえば、五世紀の中頃からだという。それも北の高句麗は早くから方墳や円墳があり、積石塚が多いが、南の方は後れて円墳が築造され、墳丘は盛土で石塚はない。日本の墳丘と比較したとき盛土が高く、傾斜が急で、その点壱岐の円墳はこれに近いものがある。

5・韓国の前方後円型古墳

韓国西南の全羅南道から、一〇基余りの前方後円の形をした高塚墳墓が発見されている。筆者もそのうちの数基を見たが、その形状はりっぱな前方後円形に違いない。これを以て日本の前方後円墳の祖型とした論もあったが、それが無理なことは直ぐにわかった。それは韓国南部の高塚墳墓は日本の古墳より古くないからである。

釜山大学校の国語の教授が、『任那は対馬にあった』というショッキングな本を出されたが、それには美津島町雞知の出居塚（前方後方墳）を以て、任那《みまな》王の墳墓に擬している。韓国にも前方後円墳があることを理由に、墳墓の状況や出土品の比較をすることもなく、結果的に後期の古墳をもって前期古墳の祖型とする粗い論法が、一頃《ひところ》の韓国にはまかり通った。

伽耶の地域では固城《こじょう》の松鶴洞一号墳が、見事な前方後円形で話題になったものだが、近年の発掘調査により、円墳三基が接続したものと判明した。

これで全羅南道の栄山江流域だけに、前方後円型古墳が集中していることになり、改めて日本との関係を問い直す研究が注目される。

前方後円形古墳（全羅南道海南部の龍頭里古墳）

七、古代国家と国防

1.国のなりたち

人は集団で生活する習性を持っている。その集団ごとに〝ムラ〟(集落)をつくるが、そのムラの大小によって漢字では、里《リ》・郷《ゴウ》・村《ソン》・邑《ユウ》があり、和訓では里と郷をサト、村と邑をムラという。この郷邑が地域として一定のまとまった形に成ったとき、この地域を称して〝クニ〟という(このクニは後世の国家とは異《ちが》う)。

國とは本来「天に対する地」という意で、〝國〟の字は、城郭で囲われた〝地域〟を表わしている。中国の古城は土を盛った郭であったから、〝城〟の字もそれを表す。後に煉瓦をもって築いたが、周辺の後進国は石で築いた。

城は本来〝都城〟である。都は王者の城である。王は神を祭り、その神威をもって國の民に君臨したもので、そうなると〝国〟の字がふさわしい形になる。國の囲いは時代と場所によって異なるが、日本列島には城郭を持つ國はできなかった。

『魏志』「倭人伝」に記載された対馬国、一支国は、ヒコという大官がいたが、これはまだ原始のクニの段階なのか、王国とは記していないが、伊都国、奴国には王がいた。そのことは『後漢書』に見え、奴国王には有名な金印が授けられたことでよく知られている。

日本列島では一つの島、一つの平野、一つの盆地をもってクニを形成したもので、首長（王）がいた集落には環濠がめぐらされるようになる。これを環濠集落というが、こうなれば国邑といえるだろう。

『漢書』「地理志」には、「楽浪の海中に倭人有り。分かれて百余国をなす。」とあるが、これが『魏志』「倭人伝」になると、

倭人は帯方の東南大海の中に在り、山島に依りて国邑をなす。旧《もと》百余国、（中略）今使訳通じる所三十国。

と見え、さらに「倭国乱れ、相攻伐すること歴年、すなはち一女子を共立して、名を卑弥呼と曰う」とある。

この三十国のなかに、対馬国、一支国、末盧国、伊都国、奴国、不弥国が列んでいるが、もと百余国あった諸小国が、相攻伐により三十国になった状況が読みとれる。この時『後漢書』には、「使訳を漢に通ずるもの三十国ばかり。国には皆〝王〟と称する者がいて、世々統を伝う。」とあることから、対馬・壱岐のヒコは王と称していたものと解される。攻伐はなおも続いて、日本列島をあげて熾《し》烈《れつ》なサバイバル時代を経て、統一国家の形ができたのは五世紀になってからである。

これには中国南朝より倭王に冊封された「讃」のこと、その孫の「倭王武」の上表文など、中国史書にその貴重な史料がある。この間に全国の各国邑に定形の古墳が出現するのは、それぞれ

の首長の身分を表明したもので、対馬では雞知の前方後方墳がそれである。

一方朝鮮半島では、四世紀の初頭、高句麗が楽浪郡・帯方郡を陥れて強大となり、馬韓五十余国は百済《くだら》によって統一され、辰韓一二国は慶洲を中心とする新羅《しらぎ》国に統一された。しかし弁韓諸国は統一されず、金官《きんかん》伽耶（金海）、安羅《あら》伽耶（咸安）、多羅《たら》伽耶（陜川）、大伽耶（高霊）、星山伽耶（星州）、非火《ひか》伽耶（昌寧）、古寧伽耶（咸昌）、小伽耶（固城）など、洛東江下流域（支流を含めた地域）の各盆地に、それぞれ一国家を形成し、伽耶連合を成していた。

それぞれの国邑に王宮の跡と推定される所があり、周りの山地に古墳群と山城が遺っている。なかでも玉田《ぎょくでん》古墳群（陜川）、池山《ちざん》洞古墳群（高霊）が素晴らしいのは、伽耶連合の盟主となった頃の遺跡である。

朝鮮山城の特長は、外敵が攻め寄せた時、臨時の王城となり、地域の民をも収容したもので、そのために石垣を高く積み、蜿々《えんえん》と山を回《めぐ》り谷を抱《かか》えた形に築いている。その典型は北の高句麗にあり、高句麗式山城と呼ばれたものだが、王城の地にはかならずこれがあるほか、戦略上重要な拠点に築かれた。

2.国防戦略と朝鮮式山城

築城技術の進歩した高句麗式山城が、朝鮮半島の全土に及んだとき、やがて日本にもこれが出現した。それは百済が滅びたとき、亡命してきた将軍たちによって築かれた。

六六〇年、唐・新羅の連合軍によって百済が滅ぼされた。六三年、日本から百済再興の支援に向かった軍が白村江の海戦で大敗し、百済の遺臣と共に帰国。翌六四年、対馬・壱岐・筑紫などに烽《とぶひ》と防人《さきもり》を配備し、筑紫に水城《みずき》を築いたことは『日本書紀』に記載されている。

翌四年、筑紫の大野《おおの》、椽《き》の二城を達率憶礼福留《たつそつおくらいふくりゅう》、達率四比福夫《しきふくふ》を遣わして築かしめ、長門《ながと》の城《き》を達率答炑春初《とうほんしゅんしょ》に築かせたとつづく。達率というのは百済の貴族の称号で、三人は高名な百済の将軍であった。

そして六年、倭《やまと》国の高安城《たかやすのき》、讃吉《さぬき》国の屋島《やしま》城、対馬国の金田城《かなたのき》を築くとあるが、対馬の浅海《あそう》湾南岸の城山《じょうやま》に、見事な朝鮮式山城の遺跡がある。この築城に百済人を遣わしたことは『日本書紀』に記載はないが、城の形式、城山の環境、築城の技法などからみて、百済人の指導による築城であることは疑いない。

対馬国金田城。城山頂上

金田城、一の城戸南側

この金田城を最前線の防塁として筑紫を固め、長門から瀬戸内を通り倭《やまと》（大和）に到る線の要衝に、朝鮮式山城が出現した。このとき対馬に国司が赴任している。古代日本が初めて〝国防〟戦略を立てたとき、中央から官僚が派遣されたのである。

第二章

倭の水人の神話と伝承

一、記・紀神話が語る海神出生

1.『古事記』に記す綿津《わたつ》見神《みのかみ》

『古事記』上巻の伊邪那岐《いざなぎ》・伊邪那美《いざなみ》二神の〝国生み〟により、「大八島《おおやしま》」（淡道《あわじ》・四国・隠伎《おき》・九州本島・壱伎《いき》・津島・佐度・本洲）ほか多くの島々を生み終えて、さらに神々を生みましたなかに、

> 海神《わたのかみ》、名は大綿津《おおわたつ》見神《みのかみ》を生みまし、

とあるのが、海神の名の初見である。海神と書いてワタノカミと訓《よ》み、大海神を大綿津見神と書いている。『古事記』にはもう一ヶ所、海神出生の所伝がある。それは火神《ひのかみ》を生んで神避《かむさ》りました伊邪那美に会いたくて、黄泉国《よもつくに》（死者の往く他界）を訪れた伊邪那伎が、追い返されて、筑《つく》紫《し》の日向《ひむか》の橘小門《たちばなのをど》の阿波岐《あはぎ》原《はら》に到り、禊《みそ》ぎ祓《はら》いしたとき、多くの神々が出生している。そのなかで、

> 次に水底《みなそこ》に滌《そそ》ぎたまう時に、成りませる神の名は、底津《そこつ》綿津《わたつ》見神《みのかみ》、次に底筒之《そこつつの》男命《をのみこと》。中に滌ぎたまう時に、成りませる神の名は、中津綿津見神、次に中筒之男命。次に水の上に滌ぎたまう時に、成りませる神の名は、上津《うわつ》綿津見神、次に上筒之男命。
> 此の三柱の綿津見は、阿曇連《あづみのむらじ》等が祖神《おやがみ》といつく神なり。故《かれ》阿曇連等は、其の綿津見神の

子《みこ》、宇都志日金拆命《うつしひがなさくのみこと》の子孫《すえ》なり。その底筒之男命・中筒之男命・上筒之男命三柱の神は、
　墨江《すみのえ》の三前の大神なり。

と記している。この三柱の綿津見神と、三柱の筒之男命が同時に、揃いで出生したことになっている。そしてワタツミノ神は阿曇氏の祖神と伝え、ツツノヲ命は墨江の三前《みまえ》の大神ということは、三つの神殿に鎮まる筒之男三神（住吉大神）のことである。

2.『日本書紀』の少童命《わたつみのみこと》

『日本書紀』巻一には、イザナギ・イザナミ二神の〝大八洲生成〟の段に続いて、二神は海《わた》を生み、次に川を生み、次に山を生み、次に木祖《きのおや》を生み、次に草祖《くさのおや》を生みたまい、国土と山川草木ができたところで、天下の主たるものを生まんと、日神（大日孁貴《おおひるめむち》・天照大神）、月神（月読《つきよみの》尊《みこと》）、蛭児《ひるこ》、素戔嗚尊《すさのをのみこと》を生んだとあり、次に火神《ひのかみ》カグツチを生んだとき「その母イサナミノミコト、焦《や》かれて終《かむさ》りましぬ」とある。

そのあと「一書に曰く」として幾つもの異伝があるなかで、第四の一書は特に詳細で、黄泉国から逃れて帰ったイザナギが、筑紫の日向の橘の小戸の檍原《あはぎはら》に到りて、祓除《みそぎはら》いした状況まで、『古事記』の所伝とよく似ている。それでも異なる点として、『古事記』が綿津見神と訓ませた海神の名を、少童命と作りこれをワタツミノミコトと訓ませていることである。

ワタツミと訓読させる漢字の使用は幾通りもできるはずなのに、殊更に〝少童〟と作る『日本書紀』一書の所伝には、ワタツミノカミが少《おさな》い童形であることを、表わしたい理由があったもの

と解される。
〝海神〟と書けば、カイジンと読むか、ウミノカミと読むのが普通だが、古語ではワタツミ、ワタノカミ、ワタツミノカミと三通りの訓がある。

3・ワタツミという神名

ワタツミとは、「ワタ」は古代韓語の「パタ」と同源で〝海〟を表し、「ツミ」は大山祇《やまつみ》・大海祇《わたつみ》と並べられることから、山祇は山の精霊、海祇は海の精霊とされている。大山祇は山の精霊（カミ）の総称、大海祇は海の精霊（カミ）の総称というわけで、このカミが神に昇格したとき、大山祇神《おおやまづみのかみ》、大海祇神《おおわたづみのかみ》となったが、『日本書紀』がこれを「綿津見大神」と作るのは、この神名がワタツミであることを正確に示している。この綿津見の訓は、対馬の海神を「和多都美」と万葉仮名で表す例と全く同じ音である。

この大海神の名を、『日本書紀』の一書が〝豊玉彦〟としているのは、その女《むすめ》豊玉姫の名と通じる。豊玉とは、タマは霊で、豊は美称である。カミは自然界に無数にあり、神話の世界では八《や》百《お》万神《よろずのかみ》というが、そのなかから固有の名を持ち、神に昇格するものが顕《あらわ》れたわけである。

海人の世界では、海に潜って魚貝を捕るもの、船に乗って漁をするもの、交易に出かけるものがあり、そのことが底津ワタツミ、中津ワタツミ、表津ワタツミの名の由来ではないか。

このワタツミ三神を、伊奘諾尊《いざなぎのみこと》の禊祓《みそぎはらい》によって生じた神としたのは、海神を倭王朝の王権神話のなかに取り込んだもので、それは王権が成立した以後の作である。すなわち海神を祖《おや》とする部族が倭王権に服属したことにより、その祖神伝承を王権神話の系譜に組み入れたもので、ワタツミとツツノヲを同格として扱ったところにこの所伝の苦心のほどを示している。

二、天神の日子の海宮遊幸

1.『古事記』の所伝

天照大神の孫、天津日高日子番能邇邇芸命《あまつひだかひこほのににぎのみこと》が、天照大神・高木神の命を以て、天児屋根《あめのこやね》命、布刀玉《ふとたま》命、天宇受売《あめのうずめ》命、伊斯許理度売《いしこりどめ》命、玉祖《たまのや》命、併せて五伴緒《いつとものを》を従えて天降《あまくだ》りした。途中で国神《くにつかみ》、猨田毘古《さるたひこ》の出迎えを受け、その案内により、天之八重多那雲《あめのやえたなぐも》を押し分けて、筑紫の日向《ひむか》の高千穂《たかちほ》の久士布流多気《くしふるたけ》に降り立った、というのが天孫降臨《てんそんこうりん》の所伝である。

この五伴緒の天児屋根は、中臣《なかとみ》氏の祖、布刀玉は忌部《いみべ》氏の祖、天宇受売は猿女君《さるめのきみ》の祖、伊斯許理度売は鏡作の祖、玉祖は玉造等の祖で、宮廷の祭祀に関与した諸氏である。なお猿女君は、猨田毘古の名を負ったものと記している。

この日子邇邇芸命が、笠沙御前《かささのみさき》に、麗《うるわ》しき美人《おとめ》がいると聞き、その名を問えば、名は神阿多都《かむあたつ》比売《ひめ》、またの名を木花之佐久夜毘売《このはなのさくやびめ》という。それは大山津見《やまつみ》神の女《むすめ》であった。

この阿多都比売と結婚して、比売が一宿《ひとよ》にして妊《はら》んだことから、国神《くにつかみ》の子であろうと疑われた。比売は国神の子ならば産むことはない。天神《あまつかみ》の御子なることの証《あかし》として、戸の無い産屋《うぶや》を作り、その中に入って土で塗り塞《ふさ》ぎ、その産屋に火をつけて出産した。その火の勢の盛《さか》りに生まれた子《みこ》の名を火照《ほでり》命、次に生まれた子の名を火須勢理《ほすせり》命、次に生まれた子の御名は、火遠理《ほおり》命、またの名を天津《あまつ》日《ひ》高《だか》日子《ひこ》穂《ほ》穂《ほ》手《で》見《み》命と称し、この三神を三柱の御子と呼んでいる。

この火照命が、阿多隼人《あたのはやと》と呼ばれる阿多君《あたのきみ》の祖となった。次の火須勢理には具体的な所伝がなく、第三子が〃日子〃となる。この火照命は海佐知毘古《うみさちひこ》と称し、海で獲物を捕ることを得意としたが、火遠理命は山佐知毘古と称して、山で獲物を捕ることを得意とした。そこで〃海彦と山彦〃の葛藤《かっとう》が展開される。

その海彦と山彦の物語のなかに、天神の日子（山彦）が、海神の宮を訪れて、大海神の女豊玉姫と結ばれる一連の海宮神話がここで特筆される。それはよく知られた物語だが、概要は次の通り。

あるとき山彦が、兄の海彦に話を持ちかけ、互いの得物《えもの》（道具）を取り易《か》えて、異った業をしてみたいと言い、兄の漁具を持って海に出た。ところが魚は一つも獲れず、そのうえ鉤《つりばり》を海に失った。帰って兄に謝ったが、兄は許さず、自分の剱《つるぎ》をもって五百鉤《はり》を作って償《つぐな》ったが兄は受け取らず、さらに千鉤を作って償っても受け取らず、本《もと》の鉤を返せという。

弟が海辺で泣き患《うれ》いている時に、塩槌《しおつちの》神が来て、なんで日子が泣くのかと問うゆえに、事の次第を話したところ、塩槌神が、それは我れが善く議《はから》ってやろうと言い、「無間勝間之《まなしかつまの》小船」を造り、その船に乗せて、行先の案内をつぶさに教え、押し流された。

着いたところが「魚鱗《いろこ》の如《ごと》造れる宮」すなわち綿津見《わたつみ》神の宮であった。その宮の門に到り、教えられた通り、井戸の傍の「湯津香木《ゆつかつら》」の木の上に坐っていたら、海神の女《むすめ》豊玉毘売の侍女がきて、水を汲もうとして驚いた。

「仰ぎ見れば、香木《かつら》の上に麗《うるわ》しき壮夫《おのこ》有り」

との侍女の報告に、豊玉毘売も驚いて、これを父に伝えた。そこで海神自ら出て見て、「これは天津日高の御子」と知り、丁重に迎え入れられ、三年も滞留した。そのうち豊玉毘売と結婚してその国に住み、本国のことなど忘れていた。

三年経ったある日、ふと兄の鉤のことを思い出し、大きな歎息《ためいき》をついたのを、豊玉毘売が聞き、その由《ゆえ》を尋ねてそれを父に告げた。

海神は大小の魚どもを召《よ》び集めて、その鉤を取った魚はないかと問うたところ、喉《のど》に鉤をかけた鯛《たい》がいて、物がよく食えずに悩んでいるという。早速その鯛の喉から鉤を取り出し、清洗して山彦に奉り、この時綿津見神は色々のことを山彦に教え、〝潮満珠《しおみつたま》〟と〝潮干珠《しおひるたま》〟を授けて、一尋和邇（鰐）に送らせた。

国に帰った山彦は、海神の教えの通りその鉤を兄に返したが、それより兄海彦は貧しくなり、心も荒《すさ》び、弟山彦を攻めてきたので、潮満珠を出して溺《おぼ》れさせ、兄が援けを請えば潮干珠を出してこれを救った。海彦は謝り、これより昼夜山彦の守護人《まもりびと》となることを誓った。

その頃、豊玉毘売は出産の臨月となり、そこで海辺の波限《なぎさ》に、鵜《う》の羽を葺草《かや》にして、〝産殿《うぶや》〟を造ったが、その産殿の葺《ふ》き合えぬうちに、御腹が忍えられなくなり、産殿に入った。その時、毘売は日子に対して、

凡《すべ》て佗国《あだしくに》の人は、産む時になれば、本国《もとのくに》の形になって生むもので、妾《あれ》も今本身《もとのみ》になって

産みます。妾を見てはなりません。

と言ったのに、その言を奇《あや》しく思った日子は、産殿の中をそっと覗《のぞ》いて見たら、「毘売は八尋の和邇《わに》に化《な》って匍匐《はらば》い、体をよじっていた」。それを見た日子は驚き畏《おそ》れ、遁《に》げてその場を立退《たちの》いた。

見られたことを知った豊玉毘売は、心恥しく思い、出産した御子を置いて、〃海坂《うなさか》〃を塞《ふさ》いで、本国へと帰った（海坂とは、海と陸の境の通路）。

このゆえに、生まれて波限《なぎさ》に置かれた御子の名を、「天津日高日子波限建鵜葺草葺不合命《なぎさたけうがやふきあえずのみこと》」という。この鵜茅葺不合がまた、豊玉毘売の妹玉依毘売《たまよりひめ》と結婚して、生《あ》れました御子が「神倭《かむやまと》伊波礼《われ》毘古命」となる。

この神倭伊波礼毘古を『日本書紀』では〃神日本磐余彦《かむやまといわれひこ》〃と書く。これが人皇第一代の〃神武天皇〃となるわけで、またの名を「始馭天下之天皇」と書き、ハツクニシラススメラミコトと訓《よ》んでいる。すなわち初代の天皇は、天神の日子を父系とし、海神の毘売を母系としているわけで、そこに国を建てた王朝の一つの理念が読みとれる。

2.『日本書紀』本文

皇孫天津彦・瓊瓊杵尊《ににぎのみこと》が、天磐座《あまのいわくら》を押し離《はな》ち、天八重雲《あまのやえぐも》を排《おし》分けて、日向《ひうが》の襲《そ》の高千穂峯《たけ》に天降り、吾田《あた》の長屋の笠狭《かささ》の碕《みさき》に到り、美女の誉《ほまれ》高い木花開耶姫《このはなさくやひめ》と結婚し、三柱の貴子《みこ》（火闌降命《ほのすそり》・彦火火出見尊《ひこほほでみ》・火明命《ほのあかり》）出生までは『古事記』と大筋は同じで、『古事記』の方がより詳しい。

この本文に続き「一書に曰く」とした所伝のなかには、『古事記』に無い事を述べたものがあるので、それが本稿と関係があるものについては後述する。

三貴子のなかで、火闌降と火明は命《みこと》だが、彦火火出見には尊《みこと》と書くのは、これを日子の正統とするからである。その日子（彦）火火出見を〝山幸《やまさち》〟と称し、火闌降を〝海幸〟とした兄弟対立の構図は『古事記』と同じで、試みに互の幸《さち》（得物）を易えて、兄は山へ、弟は海に出たが、各その利《さち》（獲物）を得ず、釣針を失った弟が責められて、横刀《たち》をもって新しい鈎を作って返しても赦されず、塩土老翁《しおつつのおじ》に援けられて、海神の宮に至る所伝に変りはない。

豊玉姫と結ばれて、出産に致るまでの経緯も同じで、潮満珠・潮干珠の筋書も同じだが、最後に兄海幸が伏罪《したが》う場面で、「今より以後、吾れ将《まさ》に汝《いまし》の俳優《わざおぎ》の民たらん」と曰《もう》すくだりがあり、「其れ火闌命は、即ち吾田君《あたのきみ》小橋らの本祖《とおつおや》なり」とある。

また産に臨んだ豊玉姫は、「龍《たつ》に化《な》りぬ」とあり、和邇（鰐）と書いた『古事記』の所伝と異っている。なお『書紀』の一書には、「八尋《やひろ》の大熊鰐《わに》」とした例もあり、これらについては後述する。

本文の結びは、出産した豊玉姫が、「乃ち草《かや》を以て児《みこ》をつつみ、海辺に棄てて、海途《うみのみち》を閉《と》じて径に去りぬ。故れに因りて児《みこ》の名を、彦波瀲武鸕鷀草葺不合尊《ひこなぎさたけうがやふきあえず》とまうす」となっている。

3.『日本書紀』の一書の伝

『日本書紀』は本文のほかに、「一書に曰く」として、幾つもの別伝を載せている例がある。これは『書紀』が編纂される時点で、多くの異伝があったことを語っている。その各一書の伝が、大筋では同じでも、小さい異伝に意義がある事もあるわけで、天孫降臨から海宮遊幸のなかでそれを見てみよう。

先ず第一の一書はかなり長文だが、特に取り上げるほどの事はない。

次の第二の一書では、天孫降臨の伴神のうち、「天児屋根命、神事《かみのこと》をつかさどる宗源なり。故れ太占《ふとまに》の卜事《うらごと》を以て仕へ奉らしむ」とあり、この「太占の卜事」が天児屋根（中臣氏の祖）の任であったことを知る。

第三の一書では、阿多津姫の出産のとき、「初め火燄《ほのお》の明るい時に生める児《みこ》は火明命、次に火炎《ほむら》の盛んなる時に生める児が火進命《ほすすみ》、又火酢芹命《ほすせり》という。次に火炎《ほむら》の避《さ》る時に生める児を火折《ほおり》彦火火出見尊」として、この三子も母も無事であったことを証明している。

第五の一書は、大山祇《つみ》神の女を吾田鹿葦津《あたかあしつ》姫と称し、その生める天神の子を、火明命、火進命、火折命、彦火火出見尊と合わせて四子と記している。なお姫の言として、

妾が生める児及び妾が身、火の難《わざわい》に当えども少しも損う所無し。天孫、御覧なさい、と言うのに対して、我れは本より吾が子なりと知っていた。ただ疑う者もあらんと慮《おも》い、衆人《ひと》にこれを天神の子と知らせ、且つ汝の霊威を明《あか》さんと欲《おも》う故に——。

と前日の嘲辞を詫びている。

次に第六の一書では、皇孫瓊瓊杵尊が降臨した山の名を、「日向の襲の高千穂の添山峯《そほりのやまのたけ》」とあり、その遊行した所を、吾田の笠狭の御碕に到ります。「遂に長屋の竹島《たかしま》に登ります」とあり、そこに事勝国勝長狭という者がいて、「是は長狭が住む国なり、然も今乃ち天孫に奉上《たてまつ》る」とある。

海幸山幸の本文に続く第一の一書では、日子火火出見の嗟嘆《なげき》を聞いた塩土老翁《しおつつのおじ》は、竹林の竹を取って大目麁籠《おおまあらこ》（竹籠）を作り、火火出見をその籠に容《い》れて、海に投《い》れたとあり、

忽《たちま》ちに、海神豊玉彦の宮に到ります。この宮は城闕崇華、楼台壮麗、門の外に井あり。井の傍に杜樹《かつらのき》あり。乃ち樹に下に就いて立ち給う。

とあり、大海神の名を豊玉彦と号し、その宮殿を城闕といい、楼台を構えた景観など、大王の宮に擬した漢風の表現をとっている。

また豊玉姫の出産に際し、産屋のなかで、「八尋の大熊鰐《わに》に化為《な》りて匍匐《はらば》い」とあり、この「大熊鰐」とした表現が他の所伝と異っている。

次の第二の一書では、海宮の門前で、彦火火出見が杜樹の上枝に立っている時、玉鋺を持って水を汲みに来た美女は、豊玉姫の侍女ではなく、豊玉姫自身となっている。また豊玉姫の化身については、「八尋の大鰐」となっている。

次の第四の一書では、塩土老翁の言として、

海神の乗れる駿馬は八尋鰐なり、此れその鰭背《はた》を竪《た》てて橘の小戸に在り、吾れまさに彼者《かれ》と

共に策《はか》らん。

と言って、火折尊と共に八尋鰐《やひろわに》の所に往く。その八尋鰐の策として、駿馬一尋鰐を世話してくれた。また豊玉姫の出産後、その本国に帰るとき、

眞床覆衾《まどこおぶすま》及草《かや》を以て其の児を裹《つつ》んで波瀲《なぎさ》に置き、則ち海に入りて去りぬ。これ海陸相通はざる縁なり。

とあるが、続いて「一に云く」として、

児を波瀲に置くには非じ。豊玉姫命自ら抱きて去《ゆ》く。やや久しうして曰《まうさ》く、天孫の胤《みこ》を此の海中に置きまつるべからずといいて、乃ち玉依姫をして抱かしめて、送り出しまつる。

という。この前段と後段、いずれも他とはちがった語りになっている。

4・『先代旧事本紀』の伝

『先代旧事本紀』巻六「皇孫本紀」は、高天原より筑紫の日向の襲の槵触二上峰《くしふるふたかみ》に降臨した瓊々杵尊が、吾田笠狭碕に遊幸したこと、木花開姫の四神出生、海幸彦と山幸彦の対立、山幸彦の海宮遊幸から豊玉姫の海辺の産室での葺不合尊出生まで、詳しく記載しているが、その全体を通して『日本書紀』の記述と重なるところが多く、これは日本書紀からの引用とみられている。それだけでなく『古事記』からの引用も当然ある。旧事本紀が対馬を一貫して「津島」と書くのは、古事記と同じで、また神名を表すのに、古事記と同じ表記をしたところも少なくない。

〝海宮遊幸〟で筆者が関心を払う点は、地名、神名の表記、海神の本身が鰐か、蛇か、竜かとい

うこと、海童の乗物が船か、鰐か、亀かということを先に見るのだが、『旧事本紀』の場合はどうかといえば、大筋で『日本書紀』と同じとはいえ、肝腎《かんじん》の豊玉姫の本身が、『日本書紀』は「竜《たつ》」なのに、『旧事本紀』は「八尋の大鰐」とあり、これは『古事記』及び『書紀』の一書と同じである。

なお目に付いた表現として、海神をいつも〝海童〟と書いて「ワタツミ」と訓んでいる。乗物は「一尋鰐魚」で、書紀の第三の一書と同じである。

5.『古語拾遺』の所伝

『古語拾遺』（大同二（八〇七）年、齋部広成撰）は齋部氏の「氏文」ともいわれる所伝である。齋部氏は天孫降臨の五伴緒《いつとものお》とされた布《ふ》刀《と》玉《たま》命（太玉命）を祖神とし、天児屋根命を祖神とする中臣氏と共に、朝廷の祭祀に関与した氏族である。その『古語拾遺』のなかに、

天祖彦火火出見尊、海神の女《むすめ》豊玉姫命を娉《めと》りて、彦瀲《ひこなぎさ》尊を生みたもう。その誕《あれ》ませる日、海浜に室《みや》を立つ。この時、掃守《かもり》連の遠祖天忍人《あまのおしと》命、供奉《つかえまつり》陪侍、箒《はわき》を作りて蟹《かき》を掃《はわ》く。仍ち鋪設《しきもの》を掌《つかさど》れり。遂に以て職となす。号して蟹守《かにもり》という。（今の俗に之を掃守《かもり》というは、彼の詞の転《なま》れるなり）

とある。海辺の産屋に蟹が出るのを箒で掃く習俗と、安産祈願に箒を献る信仰の縁起ともいえる所伝である。これについては後章でまた触れる。

三、『風土記』より拾う海神伝承

1.『肥前風土記』の世田姫と鰐魚

『肥前風土記』佐嘉郡の条に、

　郡の西に川あり。佐嘉川という。年魚《あゆ》あり。その源は郡の北の山より出で、南に流れて海に入る。山の川上に荒ぶる神あり。(中略)
　又この川上に石神《いしがみ》あり。名を世《よ》田《た》姫《ひめ》という。海の神(鰐魚をいう)年常《としごと》に、逆う流れを潜り上りて、この神の所に到る。

とあり、海の神である鰐魚《わに》が、川上の石神・世田姫の所に通うという説話を載せている。この石神は通称「河上神社」と称するが、『延喜式』神名帳には「與止日女神社」とあり、中世以降「淀姫大神宮」また「河上宮」と号したが、現在また「與止日女神社」と古名に復している。祭神の名は「淀姫命」と考証され(『特撰神名帳』)、一名「豊姫」ともいうが、民間では「淀姫さま」で通っている。河源の「荒ぶる神」ともいわれるが、淀姫(世田はヨドのなまり)と解すれば、それは川の神(河神)であろう。

その淀姫の所に通う海の神を、鰐魚と書いてワニと訓ませていることは、『記・紀』の海神を和邇（鰐）とした神話に通じるもので、肥前地域が鰐類型の伝承地であったことが知られる。その鰐がこの川上まで通うのは、昔は、カミは海から川を通って訪問するもの、と考えられていたことの証しともなる説話といえる。

2.『出雲《いづも》風土記』の玉姫と和邇《わに》

『出雲風土記』の仁多郡の条に、「恋の山」として、

古老の伝えにいう。和邇《わに》が、阿伊の村に坐《いま》す神、玉日女《たまひめ》の命《みこと》に恋をしてその処に上るので、玉日女の命が石を以て川を塞《さ》え、上れないようにしたところ、鰐は会えずに恋しがった。よってこれを恋の山という。

とある。この和邇も、海からきたとは書いていないが、川を塞えぎられて上れなくなったということは、川を上るのが通路であったことを語っている。

よってこの玉日女（玉姫）の伝承は、前記肥前の淀姫の神話と同類で、この和邇（鰐）も海から川を上った海神にほかならない。

『出雲風土記』にはこのほか、意宇郡安来郷に、語臣猪麻呂《かたりのおみいまろ》の女《むすめ》が、北の海の姫崎で、鰐に捕えられた説話がある。

3.『因幡《いなば》風土記』逸文の白兎

因幡《いなば》の国の白兎は有名な話で、説明するまでもないが、概要は、洪水にあい、竹の根にすがっ

て流された白兎が、沖の離れ小島に流れ着き、本土に帰るすべもなく、その時出会った「鰐という魚」をだまして、鰐一類を島から本土の崎まで並べさせ、その背を跳び数え陸に上ったところで、その詭計を知った鰐が怒り、捕えられて毛をはぎとられた。そこへ通りかかった大己貴神《おおなむじ》が憐《あわ》れに思い、助けられた説話である。

ここでいう「鰐という魚」は、通称「ワニザメ」といわれるもので、鰐ではなく鮫《さめ》だという。鰐といえば海神だが、ワニザメとは鮫に鰐の名を与えたもので、鰐魚《わに》と書いた例があるのはこれを意識した表記かと思う。

なお同逸文の「壱岐国・鯨伏《いさふし》の郷」に、鯨が「鮨鰐《わに》」に追われて隠れ伏した話がある。この鮨鰐は鯱《しゃち》であろうというのは、実際に鯨を追うのはシャチだからである。

4・『丹後《たんご》風土記』逸文の島子と亀姫

与謝《よさ》郡日置《おおき》の里、水江《みずのえ》の浦の島子の話は有名だが、その概要は、島子は独《ひと》りで小船に乗り、沖に出て釣すること三日三夜、一つも魚は獲れず、珍しい五色の亀を得た。奇異《あや》しいと思いながら、一眠《ひとねむ》りした。眼覚めてみると亀は美しい婦人《をとめ》になっていた。その容姿は麗《うるわ》しく、比《くら》べるものもないほど美しい。

「何処《いずこ》より来たものか」と問えば、「妾《あれ》は天上の仙家の人。蒼海に独り浮べる風流の士と親しく談《かた》らいたくてきた。請《ねが》わくば相談らい、愛《めぐ》みたまえ」という。

これで、神女であることを知った島子は、疑いの心を鎮め、娘女《むすめ》の言に従って、二人で

「蓬山《とこよ》」に赴《ゆ》くことにした。やがて海中の大きな島に至る。

その地は玉を敷いた如く、闕台《うてな》はきらきらしく、楼堂《たかどの》はかがやき、見たことも、聞いたこともない。手をたずさえて徐々《おもむろ》に行き、一つの大きな門の前に到る。

ここで女は、「君はしばらくここに立ちたまえ」と言って、門を開けて中に入った。やがて七人の童子《わらわ》がきて、相語るうちに、島子を「亀姫の夫《せ》なり」という。それで女の名が〝亀姫〟だと知った。女が出てきて語るうち「七人の童子は昴星《すばる》なり」と教えた。案内されて内に進み、女の父母に迎えられ、定められた坐についた。

ここに人間と仙都との別を説き、人と神と偶《たまさか》に会った嘉《よろこび》を談《かた》り、百品の芳《かぐわ》しき味を薦《すす》め、兄弟姉妹らは杯を挙げて献酬し、仙歌《うた》はさやかに、神舞《まい》はもこよかに、その歓宴《うたげ》は人の世の比ではない。

ここに日の暮るることを知らず、黄昏《たそがれ》の時群仙らようやく退散し、女独り留まり、夫婦の理《ことわり》を成す。かくして島子は旧俗を忘れ、仙都に遊ぶこと三歳を経た。

ある日、ふと本俗《くに》のことを想う心を起し、独り親が恋しくなり、哀しくて嘆《なげ》く時が多くなった。その理由《わけ》を問う亀姫に、「古の人、小人は土を懐《おも》い、死狐は丘を枕にするという。僕、親の元を離れて遠く神仙の境に入り、恋いしのぶに忍《た》えず。望《ねが》わくばしばし本俗に還り、二親に会いたし」と言うと、姫も涙を拭って「意は万歳を期《ちぎ》りしに、何ぞ郷里《くに》をしたいて、一時に棄て遣《わす》る」と言って慟《なげ》き哀しんだ。岐路《わかれみち》にきて、父母親族と悲しみ送るとき、

亀姫は〝玉櫛笥《たまくしげ》〟（玉手箱）を島子に授け、「君、妾を忘れず、また尋ねてくるならば、この

櫛笥をお持ちなさい。けっして開けて見てはなりません」と言う。
別れて船に乗り、一眠りしているうちに、本土筒川の郷に着いていた。島子が村邑《むら》を眺めると、人も物も遷《うつろ》い変り、どこにも頼るべき所がない。郷人に「水江の浦の、島子の家は何処《どこ》か」と聞けば、郷人の答えて言うことには、
君は何で遠い昔の人を尋ねるのか、吾が古老たちの伝えでは、先の世に水江の浦の島子という人がいて、独り蒼海に遊びに出たまゝ還らなかった。今から三百年も前のことだと伝う。
何でその人のことを尋ねるのか。
という。心に遺る郷里を歩いてみたが、一人の親しきものにも会わず、はや旬月を過ぎてしまった。あまりの寂《さび》しさに、玉櫛笥を撫で、亀姫のことが恋しくなり、前の日の期《ちぎり》も忘れて櫛笥の蓋を開けてしまった。そうしたら、
たちまちの間に芳《かぐわ》しく蘭のような体が、風と雲とを起して蒼天にひるがえり、あっという間に飛び去った。
島子はちぎりに違反《そむ》いた今、還ってもまた会い難いことを知り、首を廻らしてうずくまり、涙を拭って、
常世辺に　雲立ち渡る　水の江の　浦島の子が　言持ち渡る
と詠んでいる。これが島子が訪れたトコヨノクニだったのである。

5・海宮と天宮《てんきゅう》

以上の島子の話と、山幸彦の海宮遊幸と、通じる話素もたしかにあるが、訪れた世界が異っていた。山彦が結婚した豊玉姫は海宮の神女であったが、島子の亀姫は天宮から来た天女であった。島子が案内された蓬山は、実は天上の宮殿で、そこにはスバル星団の七星が侍童のように描かれている。天女である亀姫が、海にも降りるのは、天と海と、両方の蓬萊《ほうらい》（仙人が住む神山）を、仙家の人は往来したことを想像させる。

前著『海神と天神』で「竜宮とは、海底の〝磐座〟を幻想的に美化したもの」と書いたが、これには海宮だけを見て、天宮を見ていなかった。改めて補足したいことは、その幻想の根本に道教的神仙思想がみられることで、それが島子の話に顕著である。

山彦の海宮遊幸と、島子の天宮訪問に共通の話素として、山彦が海宮に居たのが三年で、島子が天宮に居たのも三年という一致がある。しかし島子が経験した世界は、人の世と次元が異なり、そこでの三年は、人の世では三百年経っていた。これが常世という不老不死の世界であった。不老不死の仙人が住む所を蓬萊山と称したもので、これに蓬萊島、亀島の称もあるのは、蓬萊島は亀が負っているのだという。

「亀は万年」といわれるように、不老長生の象徴とされたもので、亀姫とは常世の国の仙女であった。道教では亀は神聖な動物とされている。

四、対馬の海神伝承

対馬の海神伝説については前著『海神と天神』において詳述したが、その中から改めて本書の視点に立って、次の四つの例を取り上げる。

1．和多都美の〝いろこのみや〟

対馬中部の豊玉町仁位浦に、和宮《わたづみ》という入江があり、その浜の渚に和多都美神社が鎮座している。式内名神大社として知られているが、祭神は彦火火出見尊、鵜茅葺不合尊、豊玉姫命として、『記・紀』の〝海幸彦・山幸彦〟と同じ所伝を由緒として掲げている。

これには復古神道以後の粉飾が指摘されるが、古い神話伝説があったことは疑いない。社前の渚に〝磯良《いそら》恵《え》比《べ》須《す》〟と呼ばれる霊石があり、その表面は鱗状の亀裂になっている。本社の御神体は〝白い蛇〟ともいわれ、また宮司の背中には〝うろこ〟があるという根深い俗伝があ

和田都美神社の前の海

ることも、神体の〝蛇〟に通じている。

これは筆者の著述で年来の繰り返しだが、宮司の背に鱗があるという俗伝は、『魏志』「倭人伝」にいう「文身」の名残と思われる。それはまた蛇を族祖とするトーテムとも考えられ、豊玉姫が出産に際して龍《たつ》になったという所伝に通じる。そこで〝ワタツミ〟とは、ワタは海、ツは助詞で、ミは蛇（巳）という説にこだわる。

日本の古語で海をワダというのは、韓国語のパタと同源といわれるが、対馬では入江のことをワダと呼び、和多浦という地名もいくつかある。また蛇の古語が「へミ」であったことも韓国語と通じ、十二支の己《み》は蛇を表す。故に和多都美の源流は韓国だとした説（韓国の国文学者）もあるが、韓国にワタツミと号する神堂はない。

延喜式にも〝海神〟と書いた神社は全国にあるが、訓は一様ではなく、現在では社号を変えた所も多い。全国の式内社で、和多都美と万葉仮名で表した神社は対馬に四社（内三社は名神大社）あるほか、阿波《あは》国（徳島県）に一社あり、それと薩摩《さつま》の枚聞《ひらきき》神社が、枚聞和多都美神と号していたという。

阿波の和多都美豊玉比賣《ひめ》神社、薩摩の枚聞和多都美神社、対馬の和多都美神社に共通していることは、祭神に豊玉姫を共有していることである。この和多都美が『古事記』に綿津見と書く神名と同音であることは言うまでもない。『記・紀』の神話は薩摩半島を舞台としているが、それと同型の伝承が対馬にあることは、西北九州の倭人と、西南九州の隼人の親縁を示している（これについては後述する）。

対馬の和多都美神社が、豊玉姫が産んだ御子神を、鵜茅葺不合尊としているのは『記・紀』の知識で、在地の固有の伝承は〝磯良〟であった。この磯良が亀に乗り水中を自在に游泳した〝海童〟である。その背中には鱗があり、顔も醜《みにく》かった。和多都美の祭礼には、磯良舞という神楽がある。

この海神宮を「わたつみのいろこの宮」と表した青木繁の絵があるが、「いろこ」とは鱗の古語で、みやびやかな和語である。

2・海神神社の原祭神

上県郡峰町の西海岸、木坂の伊豆山に鎮まる海神神社は、六国史に和多津美御子神と見え、『延喜式』にも同名で名神大社とある。

平安中期以後に八幡宮と改められ、当国一ノ宮として崇敬されたが、明治四（一八七一）年に海神神社と改号、国幣中社とされた経緯については、前著『対馬古代史論集』において詳述した。

和多都美御子神の社が八幡宮と変った時、当然祭神の変動があったはずだが、当八幡宮が他所《よそ》の八幡宮と異なるのは、その祭神を鵜茅葺不合と豊玉姫、応神天皇と神

海神神社の伊豆山の杜。社殿は中腹にある

功皇后という二組の母子神（御子神とその母神）を核としていることである。それは八幡宮となってからも、本来の和多都美の祭神を温存してきたわけで、対馬では〝和多都美八幡〟とも称している。

これは応神八幡（応神天皇と神功皇后）と和多都美御子神社の神性が似ていることから、和多都美の庇《ひさし》を貸したのが、やがて立場を逆転したものと考察される。後世八幡宮は全国にあるが、『延喜式』神名帳に見える官社は宇佐と筥崎《はこざき》だけである。その宇佐には、

八幡大菩薩宇佐宮《ウサノミヤ》。名神大
比賣神社。名神大
大帯姫廟神社、名神大

と三座あり、また筑前の筥崎八幡は「八幡《ヤハタ》大菩薩筥崎宮」とあるように、このときまで八幡宮の祭神は大菩薩であった。なお宇佐に大帯姫《おおたらしひめ》の廟《びょう》があるのは、神功皇后の御霊屋である。この後、八幡宮の主神を応神天皇と改められ、大帯姫（神功皇后）を母神とする応神八幡が成立したもので、対馬に八幡神が登場したのはその直後と考えられる。

その八幡神を、和多都美御子神に合わせたことには意味がある。それは母神の豊玉姫と大帯姫のイメージに共通した神性があり、八幡神も童子とみられていることである。応神天皇を海童とした説もあるように、対馬では応神八幡が磯良に成り代ったふしがある。

また本社の鎮座地が、異国が見える国境線ということに重要な意義を持たせたのは、大江匡房の『対馬国貢銀記』（一一一一）に、「彼国之無㆓窺窬心㆒、八幡大菩薩之威神也」と記している

ことから推量される。彼国（高麗国）に窺窬心《きゆ》（すきをうかがう意図）がないのは、八幡大菩薩の神威だというわけで、それは神功皇后が応神天皇を胎中にして、三韓を征伐したという故事を由緒に掲げ、この八幡神を辺要の鎮守としたものと解される。

中世以降八幡信仰一色となったこの村に、なお古い民俗を伝承したものがいくつかあるが、そのなかに対馬では唯一の〝産屋《うぶや》〟の遺風があったことを、『津島紀事』（一八〇九）は次のように記している。

当邑（三根郷木坂村）産婦有れば、出産に臨んで俄かに産室を郊に造り、其の産舎の未だ成らざるうちに分娩すという。是れすなはち土風なり。相伝えて豊玉姫の安産に倣う遺風なり。（原漢文）

この記述は豊玉姫が鵜茅葺不合を出産したときの故事を述べているが、木坂の浜の山際に、磯良を祀《まつ》った小祠があったことからして、本来の伝えは鵜茅葺不合ではなく、磯良だったはずである。その祭祀を「白鬚ノ神社」というが、『対馬国神社大帳』は、「白鬚神社一宇。祭神磯良」と記している。「本宮鎮座伝記」にも、磯良が白鬚の翁として顕れるが、ここでは少童ではなく、老翁に変身している。社前の伊豆原（御前原）に、〝島之壇〟という祭祀跡があったが、昭和四〇年代に消滅した。鵜茅葺不合というのは『記・紀』の所伝

琴崎大明神の杜。社殿は丘の上にあり海から上る

に合わせた名で、在地の伝承は磯良だったのである。

3・琴崎《きんざき》の磯良と錦鱗の蛇

上対馬の東海岸に突出した琴崎に、式内社胡禄《ころく》神社が鎮座して、航路の守護神とされた琴崎大明神があり、手前の郷《ごう》の浦に胡禄御子神社がある。この胡禄の訓にコロク、ヤナグヒ、シコと各説あるが、私がシコ説を取るのは、島内には他に、志古島、志賀島、敷島とした明神が数社あるからで、これについては後述する（五節・5参照）。

シコとは「矢を盛って背負う具」と辞書にはあるが、それだけでない意義を越川康晴の「対馬の榎（狭手依比賣の島）」で教えられた。それは「矢は蛇を象徴し、矢を入れる筒は、蛇を入れる容器につながる」というのである。これで眼の鱗が落ちた。

本社には古い所伝があったはずだが、筆録された資料としては、貞享三（一六八六）年藩命により撰上された『対州神社誌』に、

琴崎大明神。神体は古来より見申したる者無之、……勧請之義は、古より申伝候は、琴村の宮舞、三月三日磯に参り候処海中より現れ給う神有り。則勧請仕り、祭り来ると云云。勧請の旧説様々有之候へども、拠る所無く、不可考也。

とあり、儒学者である編者は、非合理な所伝を不可考として収録しなかった。それでも神が海中から現れたこと、その縁日が三月三日であることを記録してくれた。

次の『対馬州神社大帳』（宝暦十年・一七六〇撰）には、祭神名と神体を次のように記載してい

る。

琴崎大明神神社。祭神表津少童命・中津少童命・底津少童命。又云磯良。神体鏡一面、古神体也。後ニ金砂粉ノ塊有四五丸。如大石之摧。指渡一尺曲物ニ入ル。（後略）

として、神体の金砂石については前書と同様の伝を記しているが、これについて『津島紀事』は、面白い所伝を載せている。それは、

古、覡婆《みようぶ》（命婦・宮舞）である小島氏の女が磯に出て、金鱗の小蛇と、璗《こがね》色の塊石を社前の海辺にて発見、竹漉籭《ショーケ》を以てこれを掬《すく》い、祠に祭り奉る。

（原漢文）

とある。なお小島氏の宅で筆者が尋ねた話では、三月三日は琴崎明神の祭日で、昔はこの日だけ磯に入ることが許されたという。この磯は、俗人の立入を許さない聖地だったのである。竹籠のことをショーケというのは、対馬から南西諸島に及ぶ地域の方言である。

旧暦の三月三日は、一年中で最も潮の干る日で、通常は見えない海底の岩礁が現れる。そこに水底の〝磐座〟があって、神はそこから現れたものと解される。その神を迎えた命婦《みようぶ》とは、神に仕える神女（巫女）である。また海神の祭日が三

琴崎の社前の岩礁

月三日ということにも、古い仕来りを伝承している。

なお海底の磐座については、『津島紀事』に次のような所伝を載せている。それには、

琴崎の海底に、竜宮の通路《かよいじ》と称する穴有り、伝えていう。神功皇后の新羅へ出征の時、此の海に繋泊したところ、竜舸（御座船）の碇海底に沈没して抜けず。柁取安曇磯武良、亀に乗りて海に入り、碇を得て出で来る。（原漢文）

とあり、磯武良は亀に乗って海底に往来している。また同書には神社の項で、

琴崎大明神ノ社。祭神一座、少童命また磯良と云う。

と記している。以上を合わせると、琴崎の神は少童命《ワタツミ》の磯良で、その正体は錦鱗の蛇で、〝竜宮の門〟から出入したものと解される。

4・綱掛《つなかけ》崎の磯武良

下県郡美津島町の東海、大船越の綱掛崎に鎮まる海神の伝説を、『津島紀事』は特筆して、概要を次のように載せている。

神功皇后、安曇《あずみ》浦（府中の東阿須《あず》）を発し、北に赴く日、天俄《にわか》に陰《かげ》り、雲忽《たちま》ち起り、風雨晦《くらやみ》の如く、雷電撃震し、素浪天を蹴り、皇船殆《ほとん》ど危し。是に⌘て、皇后、磯武良を海中に遣し、海祇《わたつみ》と祟神《たたりがみ》を祭らしめ、岬の前巌に綱を掛け、竜舸を維《つな》ぐ。以て綱掛と名づく。（原漢文）

これは岬（御崎）の神に手向《たむけ》を怠ったかなにかで海祇の怒りに触れ、あわや遭難というとき、

磯武良を海中に遣して、海祇と祟神を祭らせ、岬の巌に綱を掛けて難を免れたという話で、神功皇后に付会した地名説話の類ではあるが、岬の祭祀と磯良の活躍は琴崎の例と通じるものがあり、ここでも海中《わだなか》での祭祀を説いている。

この『津島紀事』は一貫して、海童磯良を〝磯武良〟と書いている。これが磯良の本名だとすれば、イソノタケルと訓めるわけで、それは豊玉姫の御子「彦波限《なぎさ》武鵜茅葺不合」の名と共通した名義となる。それはイソノタケ（ル）とナギサノタケ（ル）は同義と解され、和多都美の磯良恵比須は渚にあるからである。

5・紫瀬戸の住吉明神

下県郡鴨居瀬村の住吉瀬戸に鎮まる神社を、『対州神社誌』は次のように記載している。

　神体虚空蔵木像也。勧請之儀不相知。
　本社九尺角　寅方ニ向（後略）

これに拝殿や鳥居があって、これらは「上より御建立也」とあり、官社の伝統を示しているが、「神器有之、不記之」として、祭神や由緒も記載していない。それを『対馬国神社大帳』は、

　祭神、波瀲武《なぎさたけ》尊。雞知村住吉同神也。

紫瀬戸と住吉神社

神功皇后行宮也。旧号和多女御子波瀲武尊。

と記し、『津島紀事』はその所伝として、豊玉姫が皇子を愛育した故地という。また神宝として神代の曲玉が一連あることを示し、後に神功皇后の行宮《あんぐう》になったことから、摂津《せっつ》（大坂）の住吉、豊浦（下関）の住吉、那珂（博多）の住吉と並べて、社号を住吉に改めたものかという。

住吉神社と号するからには、祭神は筒男命《つつのを》であるはずだが、そうではなく彦波瀲武鸕茅葺不合尊で、豊玉姫の故事を語り、境内に「玉ノ井」の古跡まである。そこで雞知《けち》の住吉神社を尋ねると、こちらは祭神豊玉姫で、境内社として和多都美神社があり、筒男命の神座はない。また府内の住吉神社をみると、これには祭神三座、表筒男命・中筒男命・底筒男命とあるが、これは天和二（一六八二）年の鎮座というから新しい。

また上県の越高《こしたか》の住吉神社は、神功皇后の伝説を語るが、祭神名は記載なく、由緒として「旧号宗形《むなかた》御子神」と記している（神社大帳・津島紀事）。

以上のように対馬では、社号は住吉でも祭神は和多都美の神が主で、越高の例は宗像《むなかた》神と重なっている。『延喜式』には、対馬下県郡の名神大社として住吉神社が一座ある。それは雞知の住吉とみられるのだが、紫瀬戸の住吉はこちらが本社だという。紫瀬戸は通交の要路で、住吉浦は泊地として知られていた処、朝鮮使の書にもしばしば見える。沿岸には縄文時代からの遺跡があり、付近には古墳時代の石棺墓もある。地名を住吉ということは祭祀と関係があるはずだが、祭神が異なる理由は分からない。

また雞知は古墳時代前期の前方後方墳をはじめ、畿内型古墳の群集地で、上代対馬県《あがた》の首邑であった。この地に、神功皇后の行宮が置かれたと語る伝説には、神功皇后は後の付会としても、この地が古代の国邑であったことを反映した伝承ともみられ、この地にあった行宮とは、あるいは『新羅本紀』にいう倭軍の営かと疑われる。

6・納島《ないじま》の〝竜宮の門〟

対馬の東南端に納島という小島がある。島全体が岩山で、絶壁の上は照葉樹林になっていて、いかにも聖地という観を呈しているが、祭礼の時以外に人が立入ることはない。島の西側の段丘に祠があり、奈伊島神社と号するが、『対州神社誌』には、

　納島弁財天。神体木像、勧請不知。

と記している。これを『対馬国神社大帳』では、

　納島弁財天神社。仏者欺キテ弁財天ト号スカ。神体木像。祭神、市杵島姫。旧号奈伊島神社。

と記している。地元の内院村に伝承された説話では、「納島の神様は女神だが、男嫌いで蛇を婿にして、その蛇を頭に巻いてござる」という。そして納島には大きな蛇がいるのを見たという人の話もある。

また納島の沖の海底には、〝竜宮の門〟があるという。これは曲《まがり》の海女も、豆酘《つつ》の海士も現にあると言い、それは海底の岩礁に割れた穴があるという。納島の弁天様は、この門から出入する竜宮の姫神として信仰されたのである。仏教と習合して弁財天となったのは市杵島《いちきじま》姫である。市

杵島姫は宗像の三女神のうち、沖の島に祭られた女神だが、弁財天となって全国に勧請された。その姫神の本性は蛇で、「竜宮の門」から出入した、とこの説話は語っている。

7・朽木浦《くちき》の大蛇

峰町の西海から湾入した三根浦の、東南に分かれた吉田浦の古名を朽木という。この浦に蛇瀬《じやぜ》と称する岩礁があり、その名の通り、大蛇が現れたという伝説と昔話を伝えている。当地に「軍神《いくさ》」と称する神祠があり、その縁起として『対州神社誌』（一六八六）には、

古来、吉田浦に大蛇これありて、浦の往来成し難く、所の者難儀仕候処、吉田村の宗惣左衛門と申す人、浜へ出て松の古木の上より、口八寸の狩肢を以て射殺、大蛇は浜の隇《さえ》にて死す。其の骨今に至るも猶存す。右の功を有るを以て、惣左衛門死去の後之を祭り、軍神という。祭礼は六月朔日、十一月朔日、中村氏の子孫より祭料心次第に之を出す。

と概要を記している。『津島紀事』はこれを応永の頃の事とし、宗総左衛門澄茂という実在の人名に当て、これを中村氏の祖としてその武勇を称えているが、それには武勇伝としての粉飾がある反面、本来有ったはずの古伝を欠落しているところが多い。その欠落したものが、なんと昔話の中にその残影を伝えている。『対馬の昔話』（宮本正興・山中耕作）の「蛇女房」よりそれを拾うと、

1、大蛇が現れる日は、三月三日であった。

2、大蛇に捕えられた子は、村一番の名家の娘であった。（年は十三ともいう）

3、大蛇が現れるのを待つ間に、浜で炭火をおこし、火桶に入れて、これに藁人形を被《かぶ》せ、その上に少女の着物をきせて、これを蛇瀬の上に置いた。

4、大蛇が現れて、少女（藁人形）を呑んだとき、武士が現れて弓を構えた。

5、大蛇がたかぶって体に力を込めたとき、火桶が破れ、腸《はらわた》が煮えくりかえって、悩乱したところを射殺した。

という次第が読みとれる。そこで本来の形を考察すると、三月三日が古い海神の縁日であったことは、琴崎の例からも類推され、その日に海中から現れる大蛇とは海神にほかならず、蛇瀬とは、三月三日に蛇神（海神）を祭る磐座だったと考察される。

その祭りの儀礼として、少女の姿をした人形を、人身《ひとみ》御供《ごくう》の形代《かたしろ》として蛇瀬（磐座）に供えた本来の形が見えてくる。その意味でこの昔話は貴重である。

そこには大蛇（神）が少女を要求するという古代人の信仰があったはずで、出雲《いづも》神話の八岐大蛇《やまたのおろち》とよく似ている。出雲の大蛇に供されようとしたクシナダヒメを救い、大蛇を退治したスサノヲは、大蛇に酒を呑ませて弱ったところを斬殺したが、こちらは火桶を呑ませて弱ったところを射殺した。

朽木《くちき》浦の対岸に口江《くいえ》があるが、〝クチ〟は蛇の古語に通じる。朽木の大蛇の昔話には、中世の武勇伝に変化する以前の、古い神話的要素をも伝えていたのである。

五、神功皇后と海童磯良

1．神功皇后と磯良伝説の虚実

磯良の伝説は各地にあるが、それらはいずれも海神の祠《ほこら》がある所で、そこにはかならず神功皇后の伝説が絡んでいる。その多くは、この伝説が祭祀の縁起として語られたものとみられるが、それには磯良が神功皇后の伴（水先案内）として語られる。これは応神天皇が八幡神として登場したことにより、神功皇后の〝新羅親征〟に付会したものと思われるふしがある。

すなわち上県の和多都美御子神社と、下県の和多都美神社が八幡宮となって以来、各地の海神祭祀に神功皇后が合祀され、磯良を従えた形になったのは、豊玉姫（磯良の母）が神功皇后に擦り替わったともいえる。対馬に神功皇后の話が多いのは、もともと対馬に海神の祭祀が多いからである。

これらの伝説で、磯良は神功皇后の水先案内として、ときには梶取（船頭）として皇后に奉仕し、常にその安泰を護っている。これは大神（日子）に服従した海神の誠意を示した縁起譚だと思うのは、そのとき皇后の胎中には日子（胎中天皇）があったとする所伝が語られているからである。

〝イソラ〟という人格を持った神人（神とも人ともつかぬ霊格）が、神功皇后の従者のように働く説話は大方中世の作とみられているが、それにしても、海中を自在に行動する磯良の活躍は、本来少童神が持っていた神話が素材として語られたものと思われる。なお「住吉大社神代記」には、〝志賀社〟について、「新羅を撃ちたまふ時、御船の挟抄《かじとり》なり」とあることから、このカジトリは、磯良の活躍が古くからの所伝であることを示してくれる。

　神功皇后の新羅征伐を、史実とすることはできない。それでも倭軍が海を渡り、韓土に進攻したことは再三あった。それは『三国史記』「新羅本紀」に〝倭兵来攻〟の所伝がしばしば見えること、また高句麗の「好太王碑文」に見える倭の軍事行動には、否定できないものがあるからである。

「新羅本紀」には四世紀後葉（奈勿王代）から五世紀前葉（実聖王〜訥祇王代）にかけて、「倭兵大至」とか「倭兵来囲金城」とした記事がしばしば見え、また倭との交渉があるのだが、その後、どうしてか倭関係の記事が全くない。しかし『日本書紀』にはその間に「新羅不レ朝、即年遣二襲津彦一、撃二新羅一」とあり、この葛城《かつらぎの》襲津彦《そつひこ》は「百済記」に沙至比跪《さちひく》とあることから、その実在が知られている。

　また六世紀には欽明朝五三七年、大伴《おおともの》狭手彦《さでひこ》が大軍を率いて渡海した軍事があり、七世紀には斉明朝七（六六二）年、百済救援の大軍が動員されて海を渡った。この軍の主力阿曇比羅夫《あずみひらぶ》の水軍が、劉仁軌の率いる大唐の水軍と白村江に戦って大敗したことは、『日本書紀』と『旧唐書』がそれぞれの立場で詳しくこれを記載している。この敗戦後に、対馬に「金田城」が築城され、

「防人《さきもり》」が配備されたことについては後述する。

神功皇后の新羅征伐は虚伝だが、前記倭軍渡海をすべて否定することはできない。これら倭軍の渡海において、大伴狭手彦の軍は松浦潟（唐津）に集結したが、阿曇水軍は博多湾を根拠とした。そして壱岐・対馬の泊地において、ワタツミ（少童神と豊玉姫）を祭り、御前《みさき》の沖を通るときは遥拝したはずで、これらの伝承が後に神功皇后の名で語られる説話の素《もと》になったものと解釈される。

2.新羅本紀に記す倭の軍営

「新羅本紀」や「好太王碑」に見える倭及び倭兵について、それは倭国の軍ではなく、「対馬辺の海賊であろう」という説がある。金城（新羅の王城）を囲むほどの兵力を持つ集団がはたして海賊か。また倭国には大軍を運ぶ構造船はないというのだが、対馬辺の海賊はそれを持っていたという説明はない。

また実聖王元(四〇二)年春三月、「倭と好を通じ、奈勿王の子未斯欣を以て質と為す」とあるが、この王子を人質に出した相手の倭もその海賊なのか。倭の進攻を否定する論者が、対馬辺の海賊を持ち出すのは、実聖王七(四〇八)年二月条に、

倭人は対馬島に営を置き、兵革資料を貯え、以て我を襲わんと謀る。

とある記事を根拠に、中世の倭寇のイメージを重ねたのであろうが、この対馬島の営というのは倭軍の前進基地だと思う。その倭軍というのは倭国の軍という意である。

その営を置き、兵革資料を貯えた軍事基地がどこかといえば、それは『日本書紀』に、神功皇后が船を発した地と記している「和珥津《わにつ》」（現在鰐浦）とする考えを前著『古代日本と対馬』で述べた。鰐浦は対馬北西の良い泊地で、朝鮮通交の要地とされ、文禄・慶長の出兵もこの地より発進した。日本書紀に記載された地名であるが、問題は鰐浦に古代の遺跡がないことである。

近年、注目されるようになったのが天智朝六（六六七）年築城の対馬国〝金田城〟の遺跡である。これは唐・新羅に備えた城だが、伝説では神功皇后の城だという。発掘調査で土塁が発見されて話題になったのは、周囲の城壁は石垣なのに、中心部に土塁があって、それが上・下二層に分類されたことである。その上層は七世紀後半の遺物を含んでいるが、下層は六世紀代中頃のものとみられることから、天智朝の金田城より一世紀以前に、古い土城があったことが想定される。

これで一番喜んだのは、神功皇后伝説を史実と信じる人たちだが、六世紀といえば欽明朝の可能性が考えられるぐらいで、神功皇后にはまだ遠い。

それにしても蜿蜒《えんえん》と山を越え、谷を渡る現存の山城趾は、天智朝の金田城である。九九年度の発掘調査で、二ノ城戸の城門の跡が出て、これに七世紀後半の須恵器を伴っていることから、太宰府の大野城や、吉備《きび》（岡山県）の鬼の城《きじょう》の門と比較されるようになり、朝鮮半島の同時代の山城とも比較ができる。

3・神功皇后と住吉大神

神功皇后の新羅征伐に深く関与したのは、墨江《すみのえ》大神（筒男三神）であることを、古事記も日本書紀も伝えている。筒男神の託宣に導かれて新羅親征が行われ、その神助によって勝利したといっても過言ではないほどに、筒男神のはたらきが輝いている。

この筒男神の鎮座地を墨江《すみのえ》というが、これを住吉（すみのえ）とも書いたことから、〝すみよし〃と訓むようになり、これが社名となった。そこで『延喜式』神名帳の住吉神社を拾うと次の七社がある（鎮座地の比定は『式内社調査報告』による）。

(1)対馬島下県郡雞知村住吉（美津島町雞知住吉）
(2)壱岐島壱岐郡那賀村住吉（芦辺町住吉）
(3)筑前国那賀郡住吉村（福岡市博多区住吉）
(4)長門国豊浦郡勝山村（下関市楠乃住吉）
(5)播磨国加東郡下東條村（兵庫県小野市垂井）
(6)攝津国住吉郡住吉村（大阪市住吉区住吉）
(7)陸奥国石城郡住吉村（福島県いわき市住吉）

このうち(1)(2)(3)(4)(6)の五社は名神大社で、東から大阪、下関、博多、芦辺、雞知と並べると、正しく畿内から韓土へ通交する海路の要衝に住吉大社が鎮座していたことになる。なおその鎮座地がその国の首邑であったとみられることは、この神が在地の権力と密接な関係にあったことを示唆している。

対馬でも、雞知には前期古墳（四世紀の前方後方墳）をはじめ畿内型の古墳群があり、この地が対馬の国邑であったことは確かである。雞知は東西に泊地を有し、東の高浜は壱岐、筑紫、畿内に通じ、北西の樽ヶ《たるが》浜《はま》は韓土に通じる。この両方の水路を結ぶ当地こそ『魏志』「倭人伝」にいう〝南北市糴《してき》〟の要《かなめ》である。なお高浜も樽ヶ浜も田地が開けたのは近世で、古くは両方とも白江山の麓まで入江であった。その白江山に住吉神社は鎮座している。住吉の神は水路の守護神で、船人らがよく祭ったといわれるが、正にその通りといえる。

それにしても対馬の住吉は祭神が筒男でなく、和多都美と混同していることは前述したが、伝承も和多都美ほどに豊富でない。住吉の鎮座地として、雞知のほか府中浦（厳原）、鴨居瀬の住吉、櫛（峰町）の住吉、越高（上県町）の住吉は前述したが、このほか曽（豊玉町）に住吉平という地名があるが、神祠はない。

4・筒男命の本地

筒男命が綿津見神（少童命）と同時に出生した神話については前述したが、こ

雞知の住吉の杜。森の奥に社がある

れには綿津見を担ぐ氏族と、筒男を担ぐ氏族の伝承を合作して、王朝の神話に組み込まれた二次的神話との見方があり、筆者もそれに与する。

そもそも海人族にはいくつもの部族があって、大筋では同じでも局部的に異なる神話をもつものがいたはずで、それを大別すると綿津見系、住吉系、宗像系とあるが、同じ綿津見系のなかにも、族祖を鰐とするものと、蛇とするものがいた。

このなかで、住吉系海人の奉じた神が筒男命である。この住吉系海人は航海業者で、摂津の墨江を本拠とする大伴氏に奉仕し、津守氏が管掌したことで知られている。しかしそこが発祥地ではない。筒男命の出生地は、少童命と同じく「筑紫の日向の橘小門の阿波岐原」というのだが、筑紫の日向は南国宮崎ではなく、博多湾の西奥に、ヒムカもヲドも、アハギハラもその比定地がある。

前に掲げた五座の住吉大社は、摂津の墨江が本社で、西海に展開したようにいわれるのだが、これは畿内王権を中心とした時代の視点である。これに対して『住吉大社史』（田中卓著）では、ツツノヲの神は、対馬の豆酘《つつ》に顕れた神ではないかと説いている。ツツノヲとは〝豆酘の男〟というわけで、ちなみに同書ではワタツミの神も、対馬の和多都美が発顕地であろうという。

これについて筆者は豆酘には住吉神社がないことを理由にこの説に賛成しなかったが、近年意見を改めたのは、谷川健一の「古代海人族の痕跡」により、豆酘の地名について示唆をえたことによる。対馬の西南端に豆酘があり、壱岐の東南端に筒城《つつき》があることはかねて注目していたが、このツツの地名は、ツツノヲの神名であると説き、そのなかでツツノヲの神は雷神だと谷川はいう。

豆酘に住吉はないが、「都都智神社」（式内社）があったことから、ツツは筒、チは蛇で、ツツチは雷神だというのである。また壱岐の筒城《つつき》には海神社（式内社）があり、この海神は雷神にもなるわけだ。

なお筑前（福岡県）前原市は古代の「伊都《いと》国」だが、この国にもツツキがあり、そこから壱岐の筒城、対馬の豆酘を見る視線に共感して、前原の井手将雪に尋ねたら、伊都と壱岐のツツキと対馬のツツがほぼ直線上にあり、それぞれ等距離になるという。驚いて伊都を訪ねた。

伊都のツツキは背振山系の雷山の麓にあるが、昔はこの地に大きな池があったという。雷山は雷雲が湧き立つ山という意だが、この麓の大池が竜神（雷神）の栖処《すみか》とされたのであろう。対馬の豆酘の竜良山（天道山）も雷雲が立つ山である。豆酘の語源に多年悩んだが、ツツチが蛇体の神だと知れば、眼の鱗が落ちる。雷神の倭名はイカツチで、豆酘には現在雷《いかづち》神社があるが、これが旧名「嶽之神」で、その本名は「豆豆智《つっち》神社」であったことを知るにいたって、十分に納得できた。

吉田東伍の『大日本地名辞書』は、対馬の本名を〝ツツシマ〟ではないかといい、古来豆酘郷の名があるのを、その遺称と考える説を提示している。対馬は津島とするのが通説だが、これがツツシマだとすれば、田中卓がいうように、ツツノヲの神は対馬で顕現《あらわ》れた神としても悪くない。

筒男神を祀る住吉大社は、大阪・下関・博多、いずれも三棟の神殿が並ぶ〝住吉造〟だが、壱岐と対馬の住吉はその形式になっていない。貧しい離島の故か、他に理由があるのかわからないが、一つ考えたことがある。

神殿が三つ並ぶのは、底筒男、中筒男、表筒男の三神を配祀したものだが、この筒男三神を伊都、壱岐、対馬に配祀したと考えれば、三殿並列になっていない理由が解けるが、どうであろう。これを考えるのは、宗像大社の三神が辺津宮（玄海町）、中津宮（大島）、奥津宮（沖ノ島）に配祀された例があるからで、宗像の三神は姫神だが、住吉の三神は男神である。

この筒男三神が配祠された時期と、宗像三神が配祀された時期は同時ではなく、筒男の方が早いと思う。それは筑紫から壱岐・対馬の海路は先史時代から開けていたが、宗像から韓土へ直航する海路は、およそ倭王権が成立した前後からとみられるからである。

なお筒男の神は、もとから津守氏の神だったのではない。それは津守氏がこの海路の主管となってからのことで、本来はワタツミと同様海人たちの信仰する地方の海神だったはずである。

5・海神神話の系譜

海神の主要な神話を語る系譜として、綿津見系、住吉系、宗像系と大別されるが、その主要な伝承の舞台は古代日本の西海道で、これらの神々が稲作の伝播と同じ道を、西から東へ遷祀された形跡がある。

このなかで宗像の神は三柱の姫神で、田心姫《たごり》・湍津姫《たぎつ》・市杵島姫を、辺津宮、中津宮、沖津宮に配祀されていることについては前述した。唐津湾及び博多湾から、壱岐・対馬を経て韓土へ渡る海路と並行して、宗像から韓土へ渡る海上に大島と沖ノ島があり、この海路に宗像大神（三姫神の総称）が鎮座しているわけで、〝海北道中〟の重要な守護神であったことは、沖ノ島で発掘調査された祭祀遺物がこれをよく示している。それには倭王朝と大陸間の通交を誇示した遺物が多く、これは倭王権による祭祀とみる説もあるが、本来、在地の古族宗像氏が祖神と仰ぐ神である。

この宗像の大神が対馬東海の佐賀浦や、上対馬の浦に鎮座しているのは、これらの浦が新羅へ渡る航路の泊地であったことを語ってくれる。この東海と別に、対馬東南端の納島に市杵島姫を祀り、無人の小島に厳しい禁忌があるのは、こちらは百済航路の守護神だったのであろう。

やがて住吉大神は全国に進出し、摂津の墨江を本拠とする体制をつくったが、もともと筒男の出自は筑紫の日向とされ、その活動は九州から壱岐、対馬に至る海域だったはずである。

このとき綿津見大神は、応神天皇の朝に海部《あまべ》の宰《みこともち》となった阿曇《あづみ》氏の祖神とされ、その本拠は筑前の阿曇郷というわけで、その祭祀は志賀海神社（式内名神大社）という。しかし筑前には、綿津見の大社はこの一社なのに対し、対馬には和多都美と号する名神大社が三社もあり、このほか同系の海神が各地に鎮座している。

本章の冒頭でみたように、『古事記』には海神出生を伝える場面が二ヶ所ある。第一次はイザナギ・イザナミが国土生成を終えた直後に、大綿津見を生んだこと。第二次は黄泉国《よみのくに》から帰ったイザナギが、禊《みそ》ぎ祓《はら》いをしたとき綿津見三神を生んだことである。『日本書紀』にはこの第一次の出生がなく、第二次の少童神出生のことだけがある。

そこで第二次の神話が作られたのは、綿津見神を祖神とする阿曇氏が海部の宰となり、筒男神を祖神とする津守氏の祖が活躍するようになった応神朝以後ということになる。そのとき阿曇や津守の祖神が〝王朝神話〟の大系に組み込まれたわけで、海神の本流ワタツミから分かれたツツノヲを、ワタツミと同格にすることになったのではないか。

筑前博多湾口の志賀島には、磯良崎の小島に沖津、仲津少童を祀っている。仲津島は現在埋め立てられて陸になったが、沖津島から上ってくる浜を舞能浜という。〝磯良舞〟の発祥地という意であろう。磯良舞は、磯良が海から上ってくるときの形容を表現したものといわれている。

対馬の琴崎明神では、「少童命、また磯良という」としているが、これは本来磯良であった祭神を、復古神道の知識によって少童命と改めたのであろうと解される。和多都美神社と海神神社の現祭神は、日子火火出見尊、鵜茅葺不合尊、豊玉姫だが、他には日子火火出見や鵜茅葺不合を祭神とした所はなく、豊玉姫と磯良を語る所が多い。少童三神を配祀した所は全くない。

そこで、鵜茅葺不合としたのは近世の復古神学によるもので、本来の祭神は磯良であろうという筆者の論拠は、ウガヤフキアヘズという名は古典神話の所伝を引くだけで、現地における軌跡が全く無く、対する磯良は神社における神座はないが、現地で活動した所伝と固有のイメージがあり、和多都美神社の社前にも〝磯良〟の霊石があるからである。

しかし磯良の名は古典に見えず、中世になって全国に知られるようになったもので、その出現地は、筑前志賀島の〝磯良崎〟という説と、対馬の磯良エビスを挙げる説がある。そこで私説を述べると、ワタツミ伝承の質と量、式内和多都美神社が四社もあり、うち三社が名神大社であることから考えて、ワタツミの発祥地は対馬だと思う。それがワタツミを奉じた阿曇氏が海部の宰となったことから、綿津見神を祖神とする神話がつくられ、これが本来阿曇氏の神のように、

『記・紀』の王朝神話に組み込まれたのではないか。これは筒男神と津守氏の関係にもいえることである。

6・磯良恵比須の本義

古典に見える豊玉姫の御子は鵜茅葺不合である。磯良の名が見える史料の初見は『梁塵秘抄』といわれ、磯良伝説の成立は中世の作とみられるが、それにしても古い話素（素材）があったことは前にも述べた。筆者の考えでは、大綿津見（豊玉彦）は海の精霊の総称で、豊玉姫はワダの真珠《またま》の精、磯良はワダの磯物の精として、この磯良が豊玉姫の子とみられたことから、これを記・紀神話のウガヤフキアヘズと取替えられたのだと説いてきた。

それにワタツミサマは〝白い蛇〟という伝説や、宮司の背中には〝鱗が生える〟という俗伝、社前の渚に〝磯良エベス〟の霊石があることから、海神の正体は蛇とイメージされていたことも論証した。このなかで磯良エベス（恵比須）について少し付言したいことがある。

ワタツミ浦の渚《なぎさ》にあって、背面に鱗状の亀裂があるこの霊石を、豊玉姫が波限《なぎさ》に生み落した御子神の象徴として、磯良を祭る磐座《いわくら》と説明してきたが、これにはもう一つ大事な視点があることを、喜多路の論考「海中他界のシンボリズム」に教えられた。「海からくる神は、いったん海中の小島か岩に寄りつく」ということである。

それは海から上ってくる磯良が最初に居著《いっ》く所がこの磐座だということだ。居著くとは斎《いっ》くに通じ、祭祀《まつり》となるわけだから、この解釈が本義だと思う。磯良エベスというのは、エビスには普通「夷」または「戎」を当て、漁の神だというが、その本意は「他界から寄り著いて、福をもたらすカミ」として信仰されたものである。

浦口の御前《みさき》(岬)や磯の一角に、「上ってはならない」とされた霊石があって、これを「大明神の石」とか「明星石」、それにエベスという例があるのは、海から上ってくるカミの素朴な信仰を伝えている。また海辺の霊岩として、立石・立神が各地にあるのもそれである。

7・海童磯良の本性

次に海童磯良を蛇とする伝承について考えてみよう。蛇は縄文時代から土器に描かれたり、造形されているところを見ると、この〃ヘミ〃は〃カミ〃として畏れられていた。それは原始信仰の動物崇拝のなかでも特別の観がある。

蛇は水神であると同時に山の神でもあるが、海神・山神は〃神〃への昇格も早かった。

こうして豊玉彦・豊玉姫が海神となったとき磯良は童形のイメージにより少童《ワタツミ》と宛字されたが「少童＝磯良＝金鱗之蛇」と導かれる。

また鵜茅葺不合には日子波限建《なぎさたけ》という名があり、波限と磯は同義とも解される。近年、鈴鹿千代乃の「海人語りの構造」に引用された西田長男の説を見て驚いた。不明の筆者はこの神祇史の大家の説を知らなかったが、それは志賀海神社の祭神が諸説あることについて、

一番古いかのような印象を受ける記・紀・旧事記の説が実は新しく、安曇磯良（丸）とする説が、最も素朴で、よく原始の姿を見せている。

とあり、それを受けて鈴鹿論文では、磯良は「神功皇后の軍隊の水先案内人を務めるべく浮かび上った、いわば〝海の精霊〟であって、それは、まだ神に昇格しない以前の姿をとどめていたといえる」とある。

磯の精霊として語り継がれた磯良は、その顔面にはカキが生え、醜怪な容貌だったと伝えられ、神楽（磯良舞）の磯良が顔を隠すのはそのためだといわれる。磯良の名に〝ミコト〟（命）が付かないのは、まだ神格をえていないからである。

この磯良を神に昇格させたのが少童命で、ワタツミノミコトという。またナギサタケルとも号したが、産屋の風俗と習合してウガヤフキアエズともなった。ナギサタケルといえば海辺に号令する大神の名と解される。『津島紀事』が磯武良と書いたのは、イソタケルと訓ませたいのであろうが、イソラは神にはならなかった。稜威《いづ》高き大神になるより、童心のままの磯良が似合うと、信仰する人たちも思っている。

磯良の本領は、亀に乗って海中を自在に活動する海童のイメージにある。そこに王朝神話に取り込まれる以前の〝いそら〟の信仰があるはずで、その担い手として、沈没して魚を追い、鰒を捕り、珠を採取した水人が思い

志賀島の磯良崎

浮ぶ。これが第一次の海神で、王権によって祭られた第二次的海神は、国家が成立した以後の変化である。そのとき王権の軍事行動に貢献し、また海外通交に奉仕したことで神名を高めたが、同時に神の性格を変えた面も少なくない。

そこで、磯良の本籍地はどこか、となると志賀島の磯良崎というのだろうか。磯良崎に出現した神だからイソラというのか、イソラを祀ったから磯良崎となったのか。磯良が活動した伝承は対馬に多く、志賀という地名も対馬に多い。その地に海神祭祀（志賀明神）がある一覧表を次に示す。

(1)志賀大明神。府中（厳原町）湾内の岬
(2)志賀大明神。今里（美津島町）浅海湾内の小島
(3)志賀大明神。小船越（美津島町）湾内の岬
(4)志古島大明神。和板（豊玉町）湾内の小島
(5)志古島大明神。泉（上対馬町）湾内の小島
(6)山本しこ島大明神。琴（上対馬町）琴崎明神の末社
(7)しき島大明神。加志（美津島町）式内社敷島神社

以上は『対州神社誌』に記載された祭祀であるが、このほか「おろしか浦」という地名があり、その湾口に〝恵比須〟と称する霊石があって、神功皇后の伝説を語る。このような祭祀のない霊地が岬に多く、綱掛崎のように磯良の伝説を伝えた所がある。

志賀という地名と祭祀は全国にあり、アヅミという地名と共に、その本地は筑紫とみられるが、

それにしても対馬には、シカ島、シキ島、シコ島とあり、胡禄をシコと訓めば、式内社が三社もあったことになる。また〝オロシカ〟という地名には、玄海の小呂島《おろのしま》と志賀島を合わせた名義があり、上対馬の於呂《おろ》ノ岳が古くは竜神を祭ったらしいことからして、オロもシカも海神＝竜神の名と解される。

以上をもって、ワタツミの神及びツツノヲの神が、阿曇氏や津守氏の祖神とされる以前から、西海の漁民に普通に信仰されたカミであったことを論証しえたと思う。

六、倭人と隼人

1. 共通の海人文化

古典（記・紀・旧事記）の海宮神話は、吾田《あた》の笠沙《かささ》の御崎《みさき》を舞台として展開されるが、笠沙は薩摩半島の西南に地名がある。その神話に吾田の隼人らの風俗が反映していることから、これは隼人の伝承を王朝神話に組み入れたものとみられ、その風俗は古い隼人の文化である。

そこで薩摩国一宮枚聞《ひらきき》神社（古名枚聞和多都美神社）を調べると、現在の祭神は大日《おおひ》孁貴《るめむち》（天照大神の別名）を主神に、天之忍穂耳《おしおみみ》命、天穂日命など天神系神々を並べているが、これらは新しい祭神で、本来の由緒は、豊玉姫と塩土《しおつち》老翁《のおきな》を語っていたという。そして「南薩の総氏神として一般の崇敬篤く、特に航海安全の守護神として、舟人の厚い信仰を受けていた」とある（『式内社調査報告』「枚聞神社」より）。

本社は薩摩富士といわれる名峯開聞《かいもん》岳の下にあり、筆者は旧海軍にいたときよくこの沖を航行したが、洋上から眺めるその山容は際立って優雅で、航路の標山であることは一目でわかった。

また『特撰神名帳』は、延喜式神名帳に枚聞和多都美神社とあり、また一《いちの》宮記《みやき》に和多都美神社と号していることなどを挙げ、祭神は豊玉彦であろうと記している。

このように、対馬の和多都美と共通の祭神名と社号を伝えているわけだが、遠い対馬と薩摩の中間にある西北九州・西九州にこれをつなぐ所伝があるはずだと思うが、よくわからない。

この和多都美伝承のほかに、大隈正八幡宮（現称鹿児島神社）の縁起が、対馬の天道縁起と同型で、とてもよく似た由縁を語っていることについては後章で詳述する。

この遠く離れた対馬と薩摩の祭祀が類似していることについては、〝海上の道〟は遠いようで案外に近いものであることを知るべきで、これには縄文時代以来の海人文化の交流があったことを、現代の考古学が教えてくれる。

また、倭の水人のルーツは、「呉・越」の江南系だが、隼人系は黒潮に乗って北上してきた南方系海洋民だという論がある。これで思いあたることは、対馬の古代米〝赤米〟は江南系だが、種子ヶ島の赤米はもっと古い東南アジア系というちがいが説明できる。

2・縄文海人の文化交流

縄文時代の〝海の道〟については前章第一節で述べたことだが、海路による交流は新石器時代の初期からで、それが明らかになるのは縄文前期初頭、轟式土器が西海に卓越し、続く前期の曽畑式土器、中期の阿高式土器な

薩摩半島の枚聞神社

ど、西九州の標式土器が松浦の黒曜石を伴って対馬でも主流をなし、これが朝鮮半島南辺にまで達している。同時にこれが南九州から南西諸島に及び、縄文海人の文化圏を形成していた。

このとき、朝鮮半島の隆起文土器が轟式土器と並行し、櫛目文土器がこれに続くが、その朝鮮系文化の資料が対馬、西北九州から西九州にまで及んでいる。そして縄文後期、北方系漁撈文化と南方系漁撈文化が対馬で共存している状況も確認された。その南方系漁撈文化とは〝潜水漁法〟である。

「倭の水人」の潜水漁法は『魏志』「倭人伝」の記載で知られることから、これは弥生時代の風俗とみられてきたが、それが縄文時代からあったことが、対馬の佐賀貝塚の発掘調査によって報告されたのである（前章第一節参照）。

「倭の水人」と称された西海の潜水漁民が実は縄文時代からいたとなると、認識を改めざるをえないことが多々あるが、海民の原始信仰とその習俗も大きなテーマとなる。

「倭人伝」に描かれた倭の水人の風俗を、南方系文化とみることは衆目の一致したところだが、これを縄文時代に引き上げて、〝文身〟の習俗があったはずだと思っても、出土した白骨にその痕跡は遺っていない。

またこのとき、南方系漁民文化に伴って、『記・紀』神話に見られるような、木花佐久夜姫の出産における火の儀礼（産屋に火をつけ火中で出産する）や、豊玉姫の出産に際しての産屋を覗《のぞ》かせない風俗など、その他南方系民俗に通じるものがいろいろと指摘されている。

民族学や文化人類学の資料では、今も南シナ海の彼方には文身の習俗があり、それはテレビでも放映された。また海幸彦・山幸彦型の兄弟葛藤の伝説があり、潮満珠・潮干珠もあるという。また出産に際して産屋を造る習俗や、木花佐久夜姫の出産における火の儀礼もあるらしい。これらは隼人の習俗といわれるものだが、その隼人も〝倭の水人〟の一部族であったことは言うまでもない。

また対馬から薩南に至る海域に共通した文化として、港の入口また港内に屹立《きつりつ》した巨岩を〝立神〟と称することがあげられる。筆者が知りえた立神は対馬厳原《いづはら》、佐世保、長崎、坊ノ津、枕崎、奄美大島、済州島など主要な港にあるのだが、ほかにも方々にあるらしい。厳原では屹立した巨岩が亀の腹甲に似ていることから立亀と書くが、それでも発音はタケガミという。南側の岩壁の中段に住吉社が祀られているのは、本来無名の立神に、いつの頃か住吉大神を祀ったものとみられる。

また岬に巨岩が屹立して、立石という所がよくあるが、そのなかにエベスを祀った祠がある例があり、これら立石・立神は、海から上ってくる神が居著く霊岩と考察される。ある所では水中の岩礁であったり、あるいは水際の巨岩であったり、それは海と陸の境界で、〝他界〟の標識ともいえる。

3・沈没して魚鰒を捕る水人

海に潜《もぐ》ることを対馬では〝カツグ〟というが、これは壱岐・松浦地方も同じである。しかし『万葉集』には、潜水することを「カヅク」と詠んだ歌があることから、このカヅクが古語で、カツグが後世の変化かと思っていたが、現在もカヅクという地方があると聞いて驚いた。

一九八九年、宗像シンポジウム〝古代海人の謎〟で、私が潜ることをカツグと発表したところ、谷川健一より、有明海以南には、潜ることを〝スム〟という地方があることを紹介され、そのとき「カヅク」という地方が今もあることをはじめて知った。

このときのコーディネーター荒木博之が、集録『古代海人の謎』に「後記」として、この「もぐる」の方言を調査した結果を載せている。それによると、博多湾以東はカヅク、唐津湾以西はカツグと大別され、スムは両方にあって交錯していることがわかった。

博多湾以東、唐津湾以西と分かれたことに注目したが、その中間の糸島半島はどうかと現地の人に尋ねたら、なんとそこではスムという。その後、谷川健一の「古代海人族の痕跡」に、さらに詳しい調査があり、それには

①福岡市以東の北九州沿岸はスム、カヅクが主で、山口県でもスムだという。カツグは玄海島の一例だけ。
②糸島半島と東松浦半島はスム。
③対馬・壱岐から西北九州はカツグ。
④五島以南、有明海沿岸、八代海沿岸から薩摩半島、国東半島（大分県）はスム。
⑤薩摩のなかで、甑島、阿久根市、加世田市はカツグ。

となっている。これでわかることは、スムは東西にわたる広域で、南国にもあり、沖縄の方言でも水に潜る動作をスムというそうだ。カツグとカヅクは発音の変化で、これはワタヅミとワダ

ツミの変化と同じだと思うが、面白いのはカツグが離島に多いことで、東の玄海島、南の甑島にもカツグがある。これはスムが一般に先行したなかに、カツグ・カヅクが割り込んだと解すべきなのか。

それと宗像のシンポジウムで、谷川氏はスムとスミヨシの関係に言及して、スミノエというのは、潜ってアワビやサザエをとる海人がいた所がスミノエである。エは入江であると思う。では阿曇はどうか。私の考えでは、そのアヅミも、もともと「スム」と関係があったかもしれないと思うのです。

という意見であった。これは『魏志』「倭人伝」に、「好く沈没して魚・鰒を捕る」とした倭の水人が、その沈没する動作を〝スム〟といったことを示唆している。

4・成人T細胞白血病（ATL）

成人T細胞白血病（ATL）という病気がある。血液のガンといわれる難病で、死亡率が高い。発生は万人に一人といわれるが、その発生率は長崎県が全国最高、次が鹿児島県、沖縄県で、佐賀県、熊本県も高いが、福岡県は低い。長崎県のなかでも対馬・壱岐・松浦が高く、佐賀県も松浦が高い。

こうしてみると、奇しくも唐津湾以西が高く、博多湾以東が低いわけで、倭の水人の伝統地が高いのだが、博多湾岸の低いのはどうしてか。これを全国的に見ても、比較的高いのは九州に近い四国の西南部、紀伊半島、三陸海岸、佐渡、能登半島など、海人的伝統をもつ地方で、それも縄文人的伝統が長く続いた地方である。

私が頂いた資料は、田島和雄氏の「ATLの疫学」『図説臨床「癌」シリーズ』九（一九八六）で、このATLは北海道のアイヌにもあるが、朝鮮半島及びアジア大陸にはないそうで、台湾にあるのは日本（沖縄）からの流入とみられている。そこで研究者の間でも、これは本来縄文人が持っていたものか、といわれているようだが、日本列島以外には、インドネシアにあるらしく、アフリカにもあるという。

これはウィルスによるもので遺伝ではなく、主に母乳による感染といわれている。長崎県では風土病に指定され、母乳による育児をしないよう指導されている。私の資料は十余年前のものなので、その後研究も進んでいると思うが、門外漢の私にはよくわからない。

それにしても、縄文海人の継承かとみられる風土病が対馬から沖縄まで、九州の西方海域に多く遺存している情報は、西海の海人文化を研究する者として、なにかと気にかかることの一つであるが、朝鮮半島にないものが対馬に最も高いということを、考えるだけでも面白い。

七、海から天に昇る竜神

1. 雷神の形容

『日本書紀』雄略天皇の七年秋に次のような所伝がある。天皇が少子部連《ちいさこべのむらじ》すがる栖軽《すがる》を召して、三諸《みもろ》岳の神の形を見たいので、行って捉えて参れと命じた。栖軽が三諸岳に登り、捉えてきて、天皇に奉ったのは大きな虯《みづち》（蛇に似て角と四肢がある）であった。その光り赫《かがや》く形相に畏れを感じた天皇は、これを岳に放たせ、改めてこれに雷《いかづち》の名を賜ったとある。雷の正体が、まだ竜になる前の虯であったところが面白い。

これと同じ説話が『日本霊異記』にあるのには、空に雷が鳴ったので、天皇が栖軽に勅して「汝、鳴神を請けて参れ」とあり、その雷神の光り輝く様を恐れた天皇は幣帛《みてぐら》を進上して、落ちた処に祀らせたという。天皇が雷神を祀らせたことにこの説話の意義があるのか。しかし三輪山の祭神は大神大物主で、雷神とはいわない。それでも大物主が蛇体であったことについては有名な説話がある。

雷神を祭る神社は全国にあるが、それには前記説話が示唆したように、落雷地点に祀った処もあるのだろう。中世以降雷神の祭祀を竜神・竜王・岳神《たけのかみ》と号した例が多く、祈雨の神として

〝雨乞い〟の神事で知られた所が多い。これは古代中国でも、降雨を祈るのは岳と呼ばれる霊山で、その神は竜形と信じられていたことに通じる。

2・海神＝雷神＝筒神

吉田東伍の『地名辞書』は、福岡県糸島郡雷山の項に、

山頂に雷神社あり、山下を筒原《ツツバル》という。雷神《イカヅチ》あるいは筒神《ツツ》と唱う。けだし筒男神に同じかるべし。

とあるのを引いて、谷川健一は「海神＝雷神＝筒神」とする等式を発表し、対馬の豆酘《つつ》にも雷神があることから、豆酘の地名をもツツノヲの神に関係があるとした（前記「古代海人族の痕跡」）。筑前と対馬の中間に、壱岐の筒城があり、そこにも海神があることを地名辞書にも挙げている。ここで谷川は折口信夫の「水の女」を引いて、「つつ」を古語では蛇（＝雷）を意味するとして、「対馬の豆酘もとうぜん筒之男神の筒であり、蛇（＝雷）を意味すると考えられる」という。

対馬には雷命神社（式内社）と雷神社、霹靂神社があって、祈雨神として知られていたが、特に雷命神社は中世以降「八竜大明神」と号していた。この竜神の本名は、延喜式の訓に雷命《イカツチ》とあり、阿連川の渕の畔に鎮座している。古くは社殿がなく、八本の樫の木を神体木としていたのは、樫の葉の鋭い刺《とげ》が、イカヅチの威厳を表したものと解される。イカツチとは、イカは〝怒〟であり、ツは助詞で、チは蛇に相違ない。そこで雷神の祭司でもある対馬卜部が、その祖神を雷大臣としたことには理由があったと言える。

この雷命神社（八竜大明神）が鎮まる川渕の上流に、雷神と対照的な存在を示すオヒデリ（日照大明神）と号する日神があって、この日照神と、雷雨の神が葛藤し、神婚した伝承については次章「オヒデリとイカヅチ」で述べる。

また海神豊玉姫の正体を竜とする所伝と、鰐とする所伝があることは本章の冒頭で述べたことで、海神が〝竜形〟であることは確かである。竜形としたのは、まだ本物の竜に成っていない蛟竜《みずち》（虵・虬）の類だからで、やがて天に昇って竜となる。

3・昇天の竜を見た

海中にあって蛟・虵・虬などといわれる竜の候補生が、天に昇る姿を形容して〝昇天の竜〟という。天に昇って本物の竜となるわけだが、まずは雷神として暴れたり、滋雨をもたらしては大地を潤す。

筆者はその昇天の竜を見た。一九四二年四月、旧海軍の軍艦に乗って印度洋を航行中、ベンガル湾で目撃したすさまじい光景を、今もくっきりと思い浮べることができる。部分的には具体性を欠くが、全体の形ははっきりと覚えている。

それは海面から巻き上る〝竜巻〟のことだが、海面に接した尾の部分は細く長く、あたかも大蛇の尾のようで、上空に昇るほど大きく膨らみ、頭部は黒雲の中に吸い込まれる形で、絵で見るような竜の頭や肢の形はない。

しばらく見とれているうちに艦は遠ざかり、竜の形も崩れかけ黒雲が拡大した。このとき雲の下は雷雨になっていたのであろうが、それまでは視認していない。

巨大な竜巻という現象をつぶさに目撃した感動が、今になって研究の役に立つ。このような本格的な竜巻が南シナ海、ベンガル湾、アラビア海からペルシア湾など、南の海に多く発生することを思えば、竜神の発祥地が中国とも、インドとも、西南アジアとも言われる由縁がよくわかる。そこで〝竜神〟とは何かを考えてみよう。

中国では新石器時代から〝竜〟の図案があることが、近年の考古学で知られているが、商（殷）時代から青銅器の図案に見え、それは仏典でいうインドの竜（梵語のnaga）が漢訳されるずっと以前のことである。この竜が天帝の象徴となり、帝王の尊号ともなるのだが、戦国時代の曽侯乙墓（湖北省）出土の竜の図を見て驚いたのは、一見して鰐とも蛇ともつかぬその肢体であった。頭と四肢は鰐のようだが、胴体と鱗の形は大蛇のようで、我が国の海神に鰐と蛇があることを想えば、この形容は実に示唆的だといえる。

4・竜神と竜宮

人間の世界では、天の神を畏敬して宗教が興り、神話が生れたが、中国では商（殷）代まで神は人に偶像化されなかったという。天を祭る時は、天空の下に壇を設けて、神の好む物を供えたもので、〝祭〟という字は、肉（月）をフォーク（又）に刺して、台に供えた（示）形になっている。祭礼を表す青銅器の図文には、神に奉仕する動物として〝竜〟と〝鳳凰《ほうおう》〟が描かれ、これに雷文（雷電を文様にした図柄）を施したものだが、後世、この竜と鳳凰が天帝の象徴として偶像化されるようになる。

竜も鳳凰も想像の動物だが、竜のモデルが鰐と蛇であるらしいことは前述した。その竜は水中にあるときは海神（あるいは水神）だが、天に昇れば雷神となり、天神となって天上、天下の至高神とされ、これを〝天帝〟というわけで、天下に君臨する帝王は天帝の子とされた。この〝天子〟を皇帝、あるいは天皇と称し、竜になぞらえて畏敬するゆえんである。

「説文解字」には、「竜。鱗虫之長、能幽能明、能細能巨、能短能長、春分而登天、秋分而潜渕」とある。春分の候に天に登り、秋分の候に渕に潜むというが、私が見たのは四月の初旬で、正に春分の季節であった。

この漢文化のなかの竜神が、いつの時代にわが国に渡来したのかわからない。『日本書紀』には、豊玉姫が出産のとき「龍《たつ》」になったと書いているが、これについて私見では、本来の所伝は「蛇」であったものを、書紀編纂の時点で「龍」と筆録されたのではないかと疑う。それは蛇から竜への進化である。

歴史時代になって雄略朝、欽明朝に竜が見えるが、たいした話ではない。そして斉明朝元（六五五）年に、「空中有二乗レ竜者一。貌似二唐人一」とあり、竜に乗って空中を翔ぶのは神仙（神のような仙人）の技とされていた。

竜宮が昔話や説話に出てくるのは中世以降のことで、海底にある異境として語られる。この竜宮という語彙《ごい》は『法華経』などの仏典によって教えられたもので、仏教説話によって広められたものといわれる。その竜宮は海底にあって、竜神の住む宮殿という意だが、有名な浦島太郎の説話によって広く知られている。

この浦島太郎の説話には、海神の宮に遊幸した山幸彦の神話や、丹後風土記の島子の説話と一脈通じた要素があるが、山幸彦が行ったのは海神の宮で、竜宮とは書いていない。また島子が行ったのは蓬萊で、着いた処は〝仙都《とこよ》〟とある。その門には七人の童子がいて、その名を昴星《すばる》と書いている。輝くスバル星団に守られた仙都こそ、天上にあった神仙の都にほかならず、それは永久に変らない〝常世《とこよ》〟であった。これは道教の思想である。

これに対して浦島太郎が案内された竜宮は海底で、そこも異境の常世だが、浦島説話の主旨は報恩思想で、それは仏《ほとけ》の道の教えであった。

この竜宮は外来思想だとしても、そのイメージには在来の要素があると思うのは、俗に〝竜宮の門〟といわれる水中の磐座があることで、これは『古事記』に、豊玉姫がその本郷に帰るとき、「海坂《うなさか》を塞ぎて、返り入りましき」とあるその海坂のことである。その海坂の奥を念頭に、「竜宮とは、水底の磐座を幻想的に美化したもの」と前著で述べた。

八、韓国の海神

1.耽羅王国

済州島は東西に長い楕円形の島で、中央にそびえる漢拏山は標高一九五〇メートル、韓国第一の高山だが、筆者は東シナ海からこの山を遠望したことがある。それは東シナ海を航行する船の標山とされていたからである。

済州島は古名を〝耽羅〟と号し、韓本土とは別の独立王国で、固有の王朝神話を伝えていた。その神話には、漢拏の山腹から湧出した三体の男神が、箱船に容って海上から漂着した三人の姫と結ばれて、国を創建したという。漢拏の山の精霊と、海彼（海の他界）から漂流してきた海の精霊を始祖とする語りには、耽羅の哲学が籠っている。

『魏志』「東夷伝」の「州胡」（耽羅の古名）には、

州胡は馬韓の西の海中に在る大島にいて、其の人はやや短小。言語は韓と同じからず。（中略）好く牛及び猪を養い、其の衣は上有りて下無く、ほぼ裸の如し。船に乗りて往来し、韓中に市買す。

と記している。言語は韓と異なるとあり、身体短小というのも韓人と異なるようで、むしろ西北九州から南西諸島に及ぶ海民に通じるように思うのだが、其の衣は上だけあって下が無いというのも、下は褌《ふんどし》を締めていたのではないか。ほぼ裸体のごとしという表現は、粗い上衣の下に褌を締めていた、倭の水人の形振《なりふり》と通じるのだが、漢人から見た目には奇異な風俗に見えたのであろう。

また州胡の生業として、船に乗って往来し馬韓の市場に買物に行く風景も、対馬・一支の島民が南北に市糴した状況とよく似ている。対馬や一支は南（北部九州）と北（韓国南部）の両方に通交したが、州胡には南がないので、北の韓土に行くのが常の生業《なりわい》だったことがよくわかる。

2.済州島の海神祠

海洋王国済州において、海人たちが、祖神とも守護神とも念じて祀った海神祠を見て回ったが、多くは〝海神堂〟と号し、祭神は竜王・竜女となっていて、この竜神は韓本土と同じく中国流の神名となっている。

驚いたのは北済州郡旧左邑月汀里の海神祠で、一見御伽の国の竜宮を思わせる風雅なたたずまいに息をのんだが、〝海神祠〟と書いた額をヘシンと漢字音で読むことにおいて、韓本土と変るところはない。この海神は漁業の神として、また漁夫や海女の守護神として、全島の浦々に祀られている。その祠堂（日本流にいえば神社）は韓国流の祠堂建築だが、そのなかに、自然石で組立てた素朴な石祠があるのを見ると、対馬から沖縄にいたる地方でよく見る石祠と変らない。

玄容駿（済州大学）の教示によれば、村々には、山神、狩猟の神、穀神、農業の神、海神、漁業の神などある中で、村全体の守護神を〝本郷堂〟と称するが、海神をもって本郷堂としている所も多いという。本郷堂を日本流にいえば村の鎮守、氏神の神社だが、海神祠を本郷堂としている所をいくつも見た。

済州の海神祠は、竜王とその夫人、竜女とその婿という形をとるのだが、日本の豊玉姫を竜女とすれば、彦火火出見はその婿だから、後者の例と同じになる。しかし筆者が念願とした和多都美神話と同類の伝承は、私の取材限度では聞かれなかった。

済州と対馬の民俗で似ていることは多々あるが、その一つ〝筏舟〟について比較してみると、形はよく似ているが、用材が対馬は杉、済州は松で、杉は軽くてよく浮くが、松は重いので浮力が劣る。杉は真直ぐな樹が多く形が整えられるが、松はその点でも劣る。そこで対馬から杉材を輸入していたという。また日本から杉の苗木を入れて植林したが、良好な杉に育たないのだという。

3・済州の竜頭岩

済州市の西北海岸（竜潭洞）に、〝竜頭岩〟と呼ばれる奇巌が屹立して、観光の名勝ともなっているが、その伝説では、

イムギ（大蛇）が竜に成りたくて、漢拏山の山神の珠を盗み取り、逃げるところを山神の矢で射られ、海岸に落ちて岩になったのだ。

という。イムギとは日本流に言えばミズチだが、これは竜に成りえず、落第した竜の説話であ

る。しかし視点を替えると、これは昇天の竜にも見える。近くに竜渕（竜池）と称する所もあり、これが竜の住み処のはずで、彼の岩は正に昇天の姿勢とも言える。

また済州島の東端（南済州郡城山）は、沖から朝日が昇ることで有名な日出峰という観光地だが、この直く南に竜頭崎（別名立石）と呼ばれる霊岩がある。格別の伝説はないようだが、この岩の直ぐ沖に、急に深い所があるそうで、高光敏は、それを私が尋ねる〝竜宮の門〟ではないかと言い、地図に「竜門」と記入してくれた。漢文化の世界では、竜の住む処を竜潭、竜渕、竜池、竜泉などと呼び、その出入口を竜門というわけで、それが地名となっている所もある。

釜山浦の草梁に、竜頭山という丘があり、この地に〝倭館〟といわれた対馬藩の公館が置かれていた。当時の「倭館図」に、丘の頂上を竜頭山、麓の海際に竜尾山と記入した絵があることから、これも済州の竜頭岩と同様の竜神があったものと考察される。

済州の竜頭岩

また済洲の海岸線に、〝立石〟と称する霊岩が方々にあるのは、これが本来竜神の〝磐座〟であった蓋然性が極めて高いが、祭祠があった形跡はほとんどない。これは対馬でも、立石と称する奇岩や霊石が各地にあって、畏敬される何かがあるが、祭祀は特にないことなど情況がよく似ている。なお九州では、立神という地名が各地にあるが、これも本来竜神の祭祀があった所と考えられる。

4・珍島の霊登祭

全羅南道の多島海で最も大きい島である〝珍島〟の、春の大干潮時に見られる〝海割れ〟という、沖の小島が一時陸繋島となる珍現象が近年にわかに著名となり、当日は数万の観光客が押し寄せて、浜は人の波で埋めつくされる。筆者の関心は、この時海底の〝竜門〟が見られるはず、と想ったからだが、老いた私はこの人の波を眺めるだけで、自ら足を踏み入れることもかなわない。

現地の研究者朴柱彦（民俗学）に尋ねても「竜門」とか「竜潭」という名称はなく、そのような伝承もないという。崔徳源の『多島海の堂祭』にも、珍島の竜王祭に私が期待したような記載はない。それでも納得できたのは、当日の竜王祭を〝霊登祭《リョンドサイ》〟とも呼ぶことで、徒渉の発進地となる陸繋部の浜元に

　　霊登祝典　竜王祭

と大書した横断幕が張られていたからだ。竜王（竜神）

珍島の霊登祭

の祭日、すなわち大干潮の当日、霊登の祝典を行うという意に解される。

霊とは、竜王の霊に相違ない。その竜王の霊が、天に登るのだと説明したところで、同行の橘厚志が言うには、「韓国語では、霊もリョン、竜もリョンですよ」と。これでリョンド祭の義が解けた。

霊登祭とは、実は竜登祭だったのではないか。それは春の大干潮の当日、竜王が天に昇るわけで、それがこの行事を〝霊《(竜)》登祝典〟と呼ぶ由縁と解される。

春の大干潮は、対馬では旧暦三月三日で、海神の祭日であることは前述した。それが珍島では四月一日、済州では同月二日となっている。それでもまだ春の季節で、朦朧《もうろう》とした天候も、竜が昇天するのにはふさわしい気候であった。

珍島の海中の道を行く群衆

日本では、三月三日を海神の祭日とした例があり、対馬の琴崎の胡禄神社では、この日海底の〝竜宮の門〟から神が現れる説話があり、その神の正体を「金鱗の蛇」とした伝承については前述したが、竜が天に昇る所伝はない。日本列島より韓半島が中国に近いだけ、道教の影響が大きいように思われる。

5. 海竜となった文武王

『三国遺事』の脱解王伝説に〝我本竜城国人〟とあり、「竜城在倭東北一千里」と注している。〝竜城国〟は日本のお伽噺《とぎばなし》でいう〝竜宮城〟と同じで、幻想的海彼の故国と解される。この脱解伝説には卵生神話の要素があるが、その部分を外すと日本の海童伝説やウツロ舟伝説と共通の筋書が読みとれる。

また『三国史記』新羅本紀の文武王は、遺言により東海の大岩の上に葬られたとあり、王が竜と化した説話や、大王岩の名称があることを注しているが、その説話は『三国遺事』に詳しい。それには、

我が身は護国の竜となり、仏法を崇め、邦家を守護せん。

ことを念願したとして、倭兵を鎮めんと欲して、海竜となったことを感恩寺の「寺中記」に記している。これについて筆者は「海竜となった文武王の悲願」と題した小論を出したことがあるが、その要旨は、

(イ)、日本では、海神は水中の岩窟より出入する所伝が多く、古典神話にはこれを〝海坂〟(海・陸の境)としているが、民間伝承ではこれを〝竜宮の門〟と称している。

(ロ)、文武王を葬ったという東海の月城郡陽北面の大王岩には、日本でいう〝竜宮の門〟の典型ともいえる岩穴があり、これが大王の奥城《おくつき》(墳墓)だというのだが、これは本来、水中の神座《かなぐら》というべき霊地であったと推定される。

(ハ)、文武王が海竜となることを欲したというのは、本来そこにあった竜神信仰に付会して、自身を竜になぞらえたのであろうとみて、古い海神信仰が先行していたと考えられ、脱解伝説とも無縁ではない。
(ニ)、新羅人にとって、吐含山は日神信仰の聖地で、大王岩は海神信仰の聖地であったことから、統一王朝の大王が、これに由縁を持って威信を高めた。

というわけで、これには皇帝を竜に喩える中国の帝王理念を意識していたはずと思うのは、日本でもその頃（天武朝）から王権の神聖が言挙《ことあげ》され、天皇という尊号を定めてその神格化が進められた時期で、これが時代の流れであったことが知られるからである。

こうして海竜となった文武王は、大王として〝竜〟と呼ばれる神格を具えたものと理解した。

6・東海の海娘神

江原道江陵市の川口に、江門里という集落がある。江門という地名には、日本のミナト（水門）と共通した地形及び名義を考えさせる。この江門里の海岸は白砂青松の景勝地で、海水浴場として知られているが、河口の岬の内側は潟になった船着場で、正に江門の名義を示している。

その岬の南側に美しい形の神堂があり、正面に〝海娘堂〟と書いた額が懸っている。扉《とびら》が開くと正面の奥壁に掛けられた神像（画像）を見て驚いた。画面中央に直立した姫神の形容が、一見豊玉姫のイメージに似て、左右に侍立した少女の姿が海宮伝説の乙姫に見えたからである。これにどのような伝説があるのか尋ねても、今の若い人達はよく知らないという。任東権（韓国民俗

学会会長）に調べてもらったところ、

昔、金大夫という若者がいた。ある日、漁に出て遭難し帰らなかった。その婚約者がいて、彼を探しに海に出たところ、また海難に遭い水死した。その後不漁が続くので、この神堂を建て、彼女の霊を祀ったもので、これは漁の神である。

というもので、祭日は旧暦の正月・八月の十五日、男根を形象した呪物を献上して、漁の願をかけたり、海難を避ける祈願をするのだという。これには祭神が女性だから、男根を喜ばれるのだというが、これは韓国ではよく見かける。

この海娘という神号と、伝説の大筋から、これは中国の媽祖《まそ》信仰の流れであろうと思った。媽祖信仰は華南に興った航海安全の守護神で、娘媽とも媽祖ともいうが、貿易船によって日本にも伝わっている。娘媽は〝航海の安全〟を願って海に身を投じたとき、「私は海神の化身だ」と言ったという。この娘媽が江門里では〝海娘〟となったのではないかと思うのだが、それにはこの地に古くからあった漁の神との習合が考えられる。

長崎には重要文化財の〝媽祖堂〟があり、そこに祀られた女神像は、左右に侍女を配した典型的媽祖像だが、その他の地方では在来神と習合して、媽祖と判じ難い厄介なものもある。

韓国では東海岸に海娘堂が多いというが、最北の江陵に、最も美しい海娘が祀られていた（中国の媽祖伝説は宋代初期（十世紀後葉）の説話で、神女・竜女とも呼ばれた）。

第三章

天童信仰と民俗文化

一、テンドウと称する土俗信仰

1・天道と天童の訓と語義

通俗語で〝テントウ〟といえば太陽をカミとした「お日様」のことだが、辞書には「天地を主宰する神、天帝」として、太陽、日輪、日神、天神とある。これをテンドウと濁れば「天帝の道、天地自然の道、超自然の宇宙の道、天体の運行する道」などとある。

これはオテントウサマといえば日神を崇《あが》めた信仰の対象だが、テンドウといえば天体宇宙の法則のように聞こえる。そこで『大漢和辞典』(諸橋轍次)を見ると、テントウとテンドウの別がなく、

天道《テンダウ》㈠天の道、天の道理、天理、天統、自然の法則。

として「易」「書経」「中庸」「春秋左氏」「論語」等からその出典を示し、㈡天地を主宰する神。㈢天の運行。㈣天をいう。㈤天象占験をいう。㈥叢神の名。としてそれぞれ出典を例示し、㈦荘子の篇名。㈧仏教では欲界、色界、無色界の総称。㈨太陽《テンタウ》。日輪。

とあるが、この辞典に「天童」はない。そこで『古語辞典』を見ると、

天童。テンドウ。仏語。護法の鬼神や天人などが、子供の姿になって、人界に現れたという
もの。

と見え、天童とは仏教の語彙で、仏法を護る鬼神や、天上界に住むという美女が、少童の姿になって人界に現れたものだという。『広辞苑』には、『大鏡』の道長に、「天童の降りきたるとこそ見えさせ給ひしか」とある例を引き、祭礼などの時、天人に扮する童男、童女、稚児などをいうとしている。

そこで、序章で例示した〝天道縁起〟に、〝天道童子〟とある神名は、天道と天童を合わせた和製の称号で、それは仏教の護法の鬼神と、道教の神仙を複合した上に、儒教の天道を冠したものと理解した。これには三品彰英の論考「対馬の天童伝説」に、

太陽神の子とした天道童子は本来「天童」と称すべきもので、「天道」は後の付会である。として、天童とは「神聖な樹林に来臨する神的存在がすなはち天童である」と解き、それは〝天降る童形の神〟として、新羅の始林に天降った神童〝閼知〟や、神檀樹下に天降った古朝鮮の〝檀君〟を例示した論に啓発されたことがありがたく、これで天道童子の名義は解けたが、この天道縁起は対馬で作られたもので、その根底には対馬固有の民俗信仰がある。

2. カミをつくる対馬の古俗

対馬固有の民俗信仰として、〝対馬神道〟ともいわれた「テンドウ」は、神と仏の習合した天《てん》童菩薩《どうぼさつ》を崇拝したものだが、仏承されたその儀礼と筆録された縁起を分析すると、そこには古い

宗儀を伝えた習俗や、古い神話に由来した説話を語り、古神道の要素を伝えたものがある。

特にその神事のなかで、太陽霊（テントウ）と穀霊を崇める儀礼には、古神道の原点を示唆したものがあり、これが天童信仰（対馬神道）の二つの核をなしている。その一つは天道縁起にいう天童（太陽霊の化身）の信仰であり、もう一つは穀霊をボサツとして崇拝することである。その穀霊が神になるときの神事（呪術）を「ホトケサマツクリ」と称したもので、これは穀霊が菩《ぼ》薩《さつ》（仏）になることを表している。天道菩薩が天道神となった現代では、神道復古により「カミサマツクリ」というわけで、その神の名は「テンドウサマ」というのである。

これには厳原町豆酘《つつ》の赤米の習俗を典型として、赤米の霊を鎮呪してテンドウをつくり、そのテンドウとなった赤米を餅にして〝年の神〟をつくる呪術がある。これとよく似た習俗が中国西南山地の少数民族の世界にもあり、それについては前著『海神と天神』の天道編に詳述したが、面白いのは天道信仰の二つの核の、天童霊はアジア北方系の習俗（テングリ信仰）に源流があるのに対し、穀霊は南方の民俗にその親類を見ることである。

豆酘のテンドウは〝赤米〟の稲魂だが、その稲魂のシンボルが餅としてつくられる。その餅が神であることは、『豊後風土記』に見える「餅の的」の話や、京の稲荷社の由緒にもうかがえる。

冬には餅をつくり、夏は団子をつくったもので、団子は夏作の穀霊であったことも前著で説明した。それは苗族の習俗と対馬の習俗を比較してわかったことである。

3・テンドウとなる古代米

赤米とは籾《もみ》の色が赤味を呈し、玄米にした種皮も赤いことから、通常の白い米に対して赤米と称したもので、その品種・系統によって赤い色素にも濃淡がある。比較的淡い赤色のものから、黒褐色さらには黒紫色のものまであるが、この黒味の濃いものを黒米と呼んでいる。

インドの野生稲は黒紫系で、栽培稲の原生種は赤米である。これが突然変異によって白色粒を生じ、それが栽培稲として普及したのだといわれる。この稲の原生種である赤米にも、インディカ（印度型）とジャポニカ（日本型）があり、日本列島にはその両方の系統が知られている。

縄文時代に伝来し、弥生時代に普及した日本の稲作が、短粒のジャポニカ（日本型というが原生地は中国）を栽培したことは、弥生遺跡からの出土例よりみて確かだが、その粒色が赤か白かは明らかでない。初期のものはおそらく赤米であろうといわれるが、しだいに白粒種に取って替わられたようで、歴史時代には白米が一般に普及していた。

その後、中世の貿易によりインディカの赤米が輸入され、大唐米と称して流行したのは、この品種が条件の悪い環境にでも耕作できたからといわれる。近世になってこれは淘汰されたが、奥地山間部などでは近代まで栽培された所もある。

以上のような経過で、赤米がしだいに淘汰されたのは、白米に対し味が劣り、収穫も少ないからだが、現在これが遺存している地域は、土質、水利、日照等の関係で通常の白米はよく収穫できないが、赤米ならできる環境か、または特殊の神事に赤米を必要とする所である。

この赤米神事の典型として、対馬の豆酘《つつ》の例と、種子島《たねが》の茎永《くきなが》の例がある。古代から伝承したとみられる豆酘の赤米は、短粒（ジャポニカ）の淡赤色で、古米になると濃くなるが、中世に流行した長粒種（インディカ）ではない。古代米の研究者で『稲の道』の著者渡部忠世は、豆酘の赤米は「弥生時代に渡来した品種といっても悪くない」と話されたことがある。

この赤米を、地元では〝テンドウ米〟と称している。それはテンドウによってもたらされたというわけで、これが天道信仰の核心の一つである穀霊崇拝のシンボルとして、固有の神事を伴って伝承されたものだからである。それは赤米の耕作と神事が一年を通じて季節ごとに組まれていて、その年中行事が正に〝春耕秋収〟の年暦ともなっている。

この豆酘の古俗と類似した習俗が種子ヶ島の茎永にも見られるが、種子ヶ島の赤米は、豆酘の赤米よりもっと古い品種だといわれる。これらの古俗の本流が、中国の南西部を含む東南アジアにあることは言うまでもない。

4・赤米の栽培と年中行事

対馬の西南端に開けた豆酘の地は、海峡を渡る拠点ともなり、島内では最も大きい集落の一つである。弥生時代の遺跡と古墳群があり、式内社が二社（内一社は名神大社）もある名邑で、『和名抄』には対馬下県郡の郷名として豆酘がある。豆酘の用字はこの和名抄にはじまり、平安後期には酘豆とした金文もある。

豆酘の東北にそびえる竜良《たてら》山《やま》は、俗に天道山（天童山）ともいう神山で、島内第二の高峰だが、この竜良山系を水源とする神田《かんだ》川《がわ》のほとりに開けた田地を神田《かんだ》原《ばる》という。この田地の一画を特に〝寺田《てらた》〟と称し、これに赤米を耕作してきたが、昔はこの一帯が〝神の田〟であったことは、その地名からして自明である。これを寺田というのは、神仏習合期には、テンドウの神事が酘豆寺で行われたからである。この酘豆寺の辺が郡衙の跡とみられる。

赤米の耕作はテンドウの祭祀と関連して、年間を通じて多くの神事を伴うが、それには〝頭《とう》〟と称する祭祀集団の組織があって、中世風の頭屋《とうや》神事を伝えてきた。この頭は明治四十年代に解体されたが、そのとき古い四頭を解消し、特志の十数家をもって改めて一頭を組織して、伝統の行事を継承している現状で、これには古くから神事を世襲してきた家筋（神職家）が多く留まっている。

年間の主たる神事として、特に重要なものを次に挙げるが、この神事を司祭する神職が事を行うに当って、「オコネーを始めます」という。オコネーとは「行《おこな》ひ」の方言だが、このオコネーという言霊には、神事を行うという合図と同時に、年の行事を進行させる厳粛なものを感じるのは、オコネーという一言に、年中行事の始まりを表しているように感じたからである。

〝年〟は稔と同義で、ミノルと訓む。一年は穀物が稔《みの》る周期を表し、この間の諸行事がすなわち年中行事で、そのすべてが作物の生育と関係した神事であった。『魏誌』「倭人伝」の註に、

豆酘の神田原

その俗、正歳四節を知らず、但し春耕秋収を計りて年紀と為す。
とある春耕秋収の年中行事がこれにある。

二、テンドウ（穀霊）の主要行事

1.年頭の祈年祭

正月（旧暦）三日に行われるこの祭りは、年穀の豊饒を祈願する年頭の予祝儀礼だが、中世風の長い祝詞《のりと》のなかに、「さん候」という応答句が何回もあることから、俗に「サンゾーロー祭り」といわれる。

この祭礼には、新しい年の吉凶を占《うらな》う重要な神事があって、対馬卜部《うらべ》の伝統行事が明治四（一八七二）年まで、藩命により正式に行われたが、廃藩後は形骸《けいがい》化し、現在では別の作法をもって替えられている。

対馬卜部が伝承した往年の作法は、海亀の腹甲をもって卜甲をつくり、これに聖火を指して灼き、甲の面に生じた亀裂を読んで、神意を判読した古い伝統の〝亀卜《きぼく》〟であったが、現在ではその伝書を解読することも容易でない。

2.田植のまつり

日本列島の各地に田の神を祭る儀礼があるが、豆酘の赤米を作る神田の祭りほど、古式の習俗

神の田。対馬の豆酘

神の田。種子島の茎永

を伝えた例は前記茎永のほかにない。

田植に参加するのは頭の家族で、障りのない人に限られる。不浄の物を携帯せず、勿論不浄の肥料は使用しない。昔は、頭は数日前から潔斎したという。これは田植が神事であることを示している。女を入れない田があるのは、その田で収穫した赤米が、やがて神になるからだ。

祭られる神はテンドウで、当地では田の神という語彙はない。田植が始まると、神職は斎場の準備にかかる。

神田のなかの最上段の田の水口に、神を祭る素朴な斎庭《ゆにわ》が設定される。神山に生えた真竹《まだけ》を二本、根元から伐ってきて、水路を挟んで三メートル程の間隔に立て、これに注連縄《しめなわ》を張り渡し、両側に海から採ってきたミズミ藻を掛ける。それに茅《ちがや》とヒロメ（ワカメかコンブ）と梅干を供え、神職が呪言を唱えて、祈禱を行う。

この注連縄を張った下を女は通らない。茅をあげるのは、茅のように丈夫な稲に育つように祈る呪《まじない》とみられるが、海からミズミ藻を採ってきて掛けるのは、潮気によって祓い浄める意であろう。梅干の意義はよくわからない。田植の日取りは年により一定しないが、およそ五月（旧暦）の末である。

3・神霊《カミ》（テンドウ）をつくる神事

十月（旧暦）十七日、収穫した赤米の新穀を調製して、新調の俵に容れ、この俵を頭家の座敷の天井に吊り、神職が呪言を唱えて、神霊を入魂する神事がある。これを「ホトケサマツクリ」といわれたが、これは神仏習合時代の仕来りで、本来は「カミサマツクリ」のはずである。正に神霊《かみ》をつくる呪術で、これにより赤米の穀霊が神となる。この神を〝テンドウ〟と称するのは、これが天道信仰の御神体となるからで、これより頭家の座敷は神座となり、俗人の入室を許さない。この神俵を天井に吊るのは、神聖な種籾（神霊）を鼠に食われないために、高倉に収蔵する南方の民俗に通じるものを感じるが、日本の弥生時代に高倉があったことを知れば、本来は高倉に吊ったのではないかと思う。中国貴州の苗《ミャオ》族の村でも、高倉がない場合は、住居の最上階に収蔵する例を取材した。ホコラ（祠）とは、ホクラ（種倉）と解された意がよくわかる。

　このテンドウの祭りは対馬だけでなく、北部九州にもあった民俗信仰で、それは全国的にあったのであろうが、対馬には近代まで伝承された。特に下県の豆酘と、上県の佐護《さご》にその中心があり、村ごとにテンドウを祭ったが、赤米の神事は豆酘だけに伝承されたものである。天道信仰の二つのシンボルとして、観念的な天道童子（天道法師）と、具象的な赤米があるわけで、これが信仰の核となっている。豆酘に高御魂神《たかみむすび》が鎮座し、佐護に神御魂神《かんむすび》が鎮座しているのは、これが神霊をつくる産霊《むすび》の神であることに意義がある。

テンドウとなった赤米

4・初穂米（新嘗の神事）

　十月十八日、テンドウの新霊が誕生した翌日、多久頭魂《たくづたま》神社において〃初穂米〃と称する行事が行われる。赤米の新穀で醸《かも》した新酒と、炊きたての赤飯を神に供え、これを頂戴して、神人共食の儀が行われるもので、正に新嘗の儀礼である。これで無病息災を願うというが、これは新穀

（新霊）の旺盛な活力をわが身に体することにより、それが生命の再生を促す素と信じられたものである。

新嘗祭は今では宮中の行事であるが、古くは民間に広く行われたもので、豆酘ではこれを「初穂米」というのだが、中国の少数民族の世界にも類似した儀礼があり、苗族の村では「吃新節」といって、稲の初穂を食べる行事があった。所によって作法は異っても、その本義は相通じるものがある。

なお初穂米を頂くのに食器を用いず、掌《てのひら》で受ける食事作法は、古代からの仕来りによるものだが、今も東南アジアの風俗のなかに同様の作法があるのを見るとき、豆酘の行事の由来を、アジア稲作民の古い文化の流れとして、民俗周圏論的に考えさせるものがある。

5・年の神となる餅

歳末の吉日、赤米をよく蒸して、この時だけに使われる「神の臼」をもって神聖な〝餅〟をつくる行事がある。赤米は糯《もち》米ではないので、粘性の餅にはならないが、臼の形に仕上げられ、これを「テンドウサマ」と称して家々の神棚に祭られる。この場合のテンドウは〝年の

多久頭魂神社（旧観音堂を社殿とした）

神〟にほかならず、この餅が年の神の象徴であり、家々の年神を祭る御神体とされている。

年の神というのは、本来穀霊を神格とした神で、もとは霜月（旧暦十一月）の初旬に祭られたものである。それが中古、天文暦の一月一日をもって一年の始めとする世になって、年神が正月の神となり、特大の餅を飾って〝お供え〟というのだが、豆酘の仕来りは本来の年の神をしのばせる風情がある。

中国の少数民族の世界では、地方によって主作物が異なるので、それによって年の祭日も異ってくるが、大方九月から十一月の間に年神の祭りがある。〝年〟とは作物が稔ることをいう。その稔りの周期が一年で、その収穫を神に供えて祭る。私が訪ねた苗族の村では、十一月に年神を祭るが、漢族の春節（天文暦の一月）にも配慮していた。

対馬では霜月朔日に「お入座《いりませ》」の祭りがあり、秋作物のすべてを材料として御馳走をつくるのは、古い年神の祭りであったことをしのばせる。

6.正月行事と〝餅〟

豆酘の祭祀組織「頭」の家々では、正月に通常の餅はつくらなかった。今の正月というのは天文暦の一月で、中国ではこれを春節というように、旧暦（太陰暦）では春になる。現行の新暦（太陽暦）では、冬至を過ぎて間もなく正月がくるしくみで、これは季節的に一定している。

この正月行事が盛大になった時、本来の年神が忘れ去られた。現在では正月様（年神）への〝お供え〟と称して特大の餅をつくるが、これは本来の意義を取り違えた風習になっている。それは年神の本体であるべき餅を〝お供え〟とした誤りで、豆酘のテンドウ（年の神）はその本式の形を示してくれる。

餅は稲魂を形象したもので、これが年神の本体だということは前にも述べた。アジアの米作地帯では、餅といえば米の餅になるが、地方によっては粟餅があり、夏には小麦餅がつくられた。餅の餡《あん》として小豆《あずき》、豌豆《えんどう》、胡麻《ごま》がつかわれたのも、それぞれの穀霊と解される。また夏には餅をつくらず、夏作物で団子をつくったのも、季節の作物の穀霊というわけである。

このように、稲魂をはじめ諸作物の穀霊をカミ（神）として崇める習俗は、古代人の聖なる文化であったが、その多くが忘れられていく現代に、豆酘の民俗は貴重な文化財として、アジアの魂を伝えてくれる。

7.頭受け神事と神の遷座

正月十日の深夜、旧年の頭（晴頭）より、新年の頭（受頭）へ、頭役の受け渡しが行われる。仕来りの作法による厳粛な行事で、夜半（翌午前二時頃）になって晴頭の家より受頭の家へ、神（天道霊の俵）の遷座が行われる。森々とした暗闇の中を、松明《たいまつ》を先頭に、神俵を背負って粛々と行列が行く光景は、皇大神宮の式年遷宮を連想させる。

遷座のあと、受頭の座敷（神の御前）で夜の明けるまで酒宴が続く有様は、『魏志』「東夷伝」の夫余《ふよ》の条に、

正月に天を祭り、国中大会、連日飲酒歌舞、名づけて迎鼓という。（原漢文）

とあり、また濊《わい》の条に、「十月の節、天を祭り、昼夜飲酒鼓舞、之を名づけて無天となす」とあり、さらに馬韓の条に、「五月、種を下し鬼神を祭る。群集歌舞、飲酒昼夜無休。（中略）十月、農耕終れはまた之の如し」とある情景に通じるものがあり、この酒宴が祭りの大事な要素であることを示す。

日の出を待って、新年の頭が初の仕事をする。天道霊として正月の神棚に祀った〝餅〟を奉載して神田に赴き、呪文を唱えてこれを地中に掘り埋める。思うにこの意義は、穀霊を地中に還元し、新しい年穀の再生を祈る大事な予祝儀礼と解される。これも東洋文化の古い儀式の伝承にちがいない。

ちなみに日本の中世から知られる頭屋神事について、その起源は不明とされているが、前記馬韓の条で天神を祭るとき、「天君」という役があって、これを主祭としているのは、わが国の〝頭〟を考えるうえに示唆的な存在で、韓国には今もその伝統とみられるものがある。

前記東夷諸国の五月祭は、日本の田植に相当し、十月祭は新嘗祭、正月祭は言うまでもない。そのなかで、豆酘の行事は古式をよく伝承してきたものである。

三、天道童子の生誕

1. 天道信仰の原点

天道菩薩の「縁起」が成ったのは中世（平安後期以降）の神仏習合によるものだが、その宗儀の基本には、古い日神崇拝と穀霊崇拝の要素が核となっている。その穀霊はすべての穀物にあるわけだが、そのなかで最も格調高く、テンドウ霊として信仰される下県郡豆酘の年中行事を前述した。

次は上県郡佐護の日神信仰を取上げるが、ここではテンドウというのは日神（太陽霊）とその童子で、神話でいう日子、天道菩薩縁起にいう〝天道童子〟のことである。そこで宗儀を説明する前に、天道信仰の本質が、原始アニミズム（精霊崇拝）の世界に発したものであることをみておきたい。天童の祭祀には神社というものがなく、嶽（岳）や、森（茂という）、川渕を聖地とした所が多く、七岳、七茂、七渕を聖地とした地域がある。これらは自然への畏敬の念を示したものので、『魏志』「東夷伝」の濊の条に、

その俗、山川を重んじ、山川の各部分に、妄《みだ》りに渡《わた》り入ることを許さざる所有り。

とした聖地に通じる。天道山の聖林には、罪人が逃げ込んだときも「敢えてこれを追捕せず」

としたアジールがあり、これも『魏志』「韓伝」の馬韓条に、同様のアジールがある所伝とよく対比されるところである。

2.天童の母の像

上県の佐護《さご》は島内で最も大きい川（佐護川）が流れ、その流域に六つの集落が散村を形成した郷村で、その川口にある集落を湊《みなと》という。川口の水門《みなと》に船が着く所で、正に湊である。この川の対岸の森に神御魂神社があり、現在ではカミミタマと号しているが、これは本来下県の高御魂（タカミムスビ）と対称的な、上県の神御魂（カンムスビ）と考証される。

中世資料にはこれを「天道女躰宮」と録しているが、地元では俗に「女房神」と称したもので、『対州神社誌』には、

女房神。神躰木像、高さ壱尺。由緒不知。

とあるが、その旧御神体が現在神宝として保存されている。像高二五・五センチ。檜材の一木造で、腹部に日輪を抱いた女体を形象している。像底と台座の裏に墨書銘があり、これを「天道女躰宮之御神躰」と書いている。その日付は永享十二（一四四〇）年庚申二月吉日で、願主祖祐、以下この祭祀に仕える供僧《くぞう》や巫女《みこ》が名を連ねている。

この神体の像容は、日光に感精して神童を妊《みごも》ったという〝日光感精神話〟の女体を具現したもので、正に天道童子の母である。これを女房神というのは日神の女房という意で、本来は日神に仕える巫女である。日神の妻であり、また母ともなる巫女を大日孁《おおひるめ》というが、この女房神も大日

霎にほかならない。

対馬の天道縁起とよく似た所伝として、『惟賢比丘筆起』の「大隅八幡宮本縁事」があるが、それには、

震旦国陳大王娘大比留女、七歳にして御懐妊。父王怖畏をなし、汝未だ幼少也。誰人の子なるか、申すべし仰せければ、我夢に朝日の光胸を覆ひ娠む所也と申し給へば、いよいよ驚きて、御誕生の皇子《みこ》共に、空船《うつろぶね》に乗せ、流れ着く所を領とし給へとて、大海原に浮べ奉る。日本大隅の磯の岸に着き給ふ。其の太子を八幡と号し奉る。(後略)

という。これに震旦国とあるのは中国のことだが、ここでは幻の国である。この大隅八幡の本来の縁事と、対馬の内院の浜に空船《うつろぶね》に乗って漂着した貴女が、天童の母となる縁起と実によく似ていることに驚くが、大隅八幡宮の母は、名を〝大比留女〟と記している。童子の名を八幡としたのは、その祭祀が八幡宮となってからの変化で、本来は〝天童〟だったのではないか。母の名が大比留女(大日霎)ということは、その童子は当然「日子」のはずである。天照大神は、別名を大日霎貴《おおひるめむち》という。

女房神の神像

天照大日孁尊と書いたものもある。貴《むち》というのは敬称で、日孁《ひるめ》とは日の神の妻の意で、これを大日孁貴と称したのである。その孫裔たちが日子の名を冠するのも、その祖が大日孁だったからである。天照大神という尊号は、皇祖神の神話が成立したときの名で、これについては後述する。

この天童の母について、これをアジアの北方系シャーマンの系列で考察した任東権は、佐護の母神像が胸に日輪をあらわすのは「神力、神権をもつ神女としての超越した権威がうかがわれる」として、

太陽を佩用することは司祭者としてのしるしであり、神儀を行う巫者の機能をもっていた証拠である。天道母神は太陽信仰の一現象であり、北方系の巫儀の系列から理解すべきである。

（任東権「天道の母神について」）

と結ばれている。この文中に、モンゴル、シベリア、中国（北方）、韓国の諸例が写真を付して説明され、説得性がある。

由来天道信仰には二つの核があり、その一つは古い穀霊信仰で、その中心が豆酘の赤米であることは前述した。もう一つの核は天道童子で、その中心が佐護の天神多久頭魂である。前者はアジアの南方系文化に属するが、後者は北方系文化の系譜である。

3・天神多久頭魂と神御魂

佐護川を出て海峡に臨む南側の半島部は、照葉樹林の山が二峰並立し、これを天道山というのだが、北の峰を女嶽、南の峰を男嶽と呼んでいる。『対州神社誌』には「天道大菩薩」の項で、

雄嶽雌嶽とて峯二有。雄嶽の高サ百間余程。雄嶽より北方に雌嶽有之。両峯之間壱町半程。雄嶽之頂上に天道菩薩住居被成候由、申伝候。此雄嶽之山八分之所より磯石数百有之。東之麓に潮場と申候てこもりを仕所有。此所より男女共に奉拝候也。

とある。この雄嶽の八合目辺に磯石が沢山あるという所が、古い磐座《いわくら》の跡と推定されるが、この山は俗人を入れない聖地であった。この麓の遥拝所に、天神多久頭魂神社の祭場がある。神社と称しても社殿はなく、雄嶽を遥拝する形になっていて、東西に石積みの塔が立ち、中央正面に新しい鳥居があって、祭礼はこの間の祭壇で行われる。

雄嶽の八合目に磯石を敷いた所があるということは、そこが天神を祀った霊地に相違なく、照葉樹林の中に祀られたこの霊地がすなわち〝杜《もり》〟である。この杜をヤシロとも訓むが、これが〝社《やしろ》〟の原義であることを知れば、この天道山の祭祀が古神道の形を伝えたものであることがよくわかる。

これが上県郡佐護の〝天道菩薩〟と号する神仏習合の名所であった。菩薩となる以前の本名は、『延喜式』神名帳に、対馬島上県郡の名神「天　神《あまつかみ》多《た》久《く》頭《づ》多《た》麻命《まのみこと》　神社」と記載されている。

下県の豆酘には名神高御魂神社と多久頭神社があり、上県の佐護には神御魂神社と天神多久頭魂（多麻）神社があるわけで、この南北の対照にも対馬神道固有の意義がある。この神名で多麻は魂・霊に違いないが、「タクツ」の語意について、日子・天童を表したものと思うのだが、タクは卓絶した神威、ツは助詞かと思う。

全国の式内社で、社号・神名に〝天〟を冠した例は珍しくないが、御丁寧に〝天神〟とした例はほかにない。これをアマと訓むか、アマツカミと訓むかは校本によって異なるが訓を付していない校本もある。これをアマツカミといえば天空の諸霊すべてを含むわけだが、倭語のアマでなく、テンジンと音読すれば、天神《てんじん》は天童と同義であることから、天神多久頭魂が天道童子の前身だとわかる。

天道山の杜に、天童が天降《くだ》るイメージは、新羅の始林に天降る神童閼知《アッチ》、駕洛《かう》（伽耶）の亀旨峰に天降る首露《スロ》の所伝と通じるものがある。

この佐護の天童と対照的な下県の豆酘の天童は、その社号が多久頭神社で、上に天がなく、下の魂もないのだが、現在は魂を付している。なお全国では大和の葛下郡に唯一、多久虫《（頭）》玉神社がある。

対馬の古い郷村では、どこも〝テンドウ〟または〝シゲ〟と称する聖林があったが社殿はない。祭礼を行う所があって、カナグラ（神座）と呼ばれたものだが、この信仰の南北の中心が佐護と豆酘で、遠方の村からも参詣したものである。

天神多久頭魂神社。社殿はなく、天道山を遥拝する形の祭場

古代の天神多久頭魂がいつ天道菩薩に変ったのか、それを明確に示す史料はないが、その転換期はおよそ平安朝後期と推定される。それは当地の寺院が「天道山大日寺《てんどうざんだいにちじ》」と号することからして、日神と大日如来の習合により、天道菩薩が生じたものとみられるからで、その縁起のなかに

〝日光感精神話〟が引き継がれ、天童を天道としたものと解される。

天神多久頭魂が仏教（真言密教）の大日如来を本地仏として、天道菩薩と呼ばれるようになったとき、本来〝天童〟の神話として語られてきたものが、天道童子の誕生になったもので、このとき神御魂神が女房神となったのである。カムムスビという神は、神霊を生産する神として、出雲や大和にもあるが、宮中にも斎られている。日本神話のムスビの名神タカミムスビが豆酘に鎮まり、カムムスビが佐護に鎮座しているのは偶然ではない。

4・天道法師縁起の成立

天道菩薩の縁起については序章の五で紹介したが、これにはもう一書「天道法師縁起」がある。天道菩薩縁起は藩命により貞享三（一六八六）年に撰上され『対州神社誌』に収録されたもので、この所伝に関心を示した時の藩主宗義真が、これには異伝があることを知り、その筆録を西山寺の僧梅山玄常に命じ、元禄三（一六九〇）年に成ったのが天道法師縁起である。その概要を次に示す。

天道法師縁起（抄略、原漢文）

天道法師は、天武天皇白鳳二年癸酉、対馬州醴豆郡内院村に生る。其の母は内院女御の賤婢なりしと。ある

卒土山の積石塔。伝説では天童の墓という

朝、日に向いて尿溺し、日光に感じて娠めり。其の誕辰に至りては、即ち瑞雲四面に棚引きたり。此の天瑞有りしを以て、名を天道童子と云ひ、日輪の精なるを以て、十一面観音の化身と謂へり。内院女御は昔日、大隅国より正八幡宮を勧請せり。今の内院の正八幡宮是なり。(中略)大宝三(七〇三)年癸卯、天皇の不予に際し、亀卜を以て占ひしに、海西対馬国に天道法師なる者あり、彼をして祈らしめば、皇上の病癒ゆべしとて、急使をして天道法師を迎へしめらる。

天道、其の使者に告げて曰く、我れ飛行三昧を得たり。舟車を要せずとて、内院の浮津浦の山上より飛て、壱岐の小城山に至り。小城より飛て筑前宝満嶽に至り、宝満嶽より飛て帝都の金門に至りて立てり。時に疾風驟雨、人皆異と為せり。則ち天道法師の至れるなり。(中略)

法壇に上り禱ること十七日、皇上の病忽に癒へ、百官万歳と唱へ、天道の霊験を歎称す。皇上深く其の法力を感じ玉ひ、宝野上人の号、並びに菩薩号を賜ふ。(後略)

この天道法師を以前は実在の人物として、『対馬人物誌』(一九一七)にも記載され、『改定対馬島誌』(一九四〇)には、その歴史編に天道法師の出生を記している。しかしこれは信仰上の説話であって、もちろん史実ではない。このなかに色々の要素があることを見てみよう。

まず天道童子が日光感精神話に基づく日子(天童)の所伝を継承していることについては前述したが、この感精神話にもいくつかの異伝があるので、これについては項を改めて後述する。

天童の誕生年月日が菩薩縁起(前者)と法師縁起(後者)で異なり、母の素性も異なるのは、異伝があったことを示している。どちらも天童の出生を天武朝としているのは、序説でも述べたように、その頃が神仙思想の高まった時期であったことに合わせたのではないか。天童が竜良山《たてら》（天道山）を開き、対馬における修験《しゅげん》の開祖とされ、天空を翔ぶ術を得ていたことは、葛城山や吉野山を開き、修験道の開祖とされる役行者《えんのぎょうじゃ》小角《おづの》に比肩させたものと理解されるが、役小角にも飛翔術を得ていた説話がある。

また天道法師が都から帰りに行基《ぎょうき》を同行したということが、この縁起の大切な要目とされている。あの奈良時代の名僧行基と、天道法師が親しかったというのである。その行基が、自ら彫刻して遺したといわれる観音像が数躰ある。これが天道観音といわれるもので、対馬六観音といわれる六所の観音堂の菩薩像をこれだというが、現存する菩薩像の製作年代は奈良朝のものではない。

それは豆酘の十一面観音、佐須の千手観音、曽の正観音、三根の十一面観音、仁田の正観音、佐護の正観音だが、このなかで最も古く、且つ形容端麗なのが佐須観音堂の千手観音である。その造顕は平安朝末期というのが美術史家の鑑定である（西日本文化協会編『対馬の美術』）。なお佐須観音堂には十数躰の貞観仏、藤原仏が伝世している。

また天道法師が恩賞に加えて、その欲するところを願い出て宥されたことのなかに、対馬の「銀山の閉止」があるが、対馬銀山の閉山は、大江匡房《おおえのまさふさ》の『対馬国貢銀記』が出た一一一一年以後であることを思えば、この縁起が成った時期を暗示してくれる。それは佐須観音堂の天道観音造顕年代と合わせることにより、およそ一二世紀中頃という見当が立てられる。

天道縁起が筆録されたのは近世になってからだが、縁起の伝承が固まったのは平安朝後期から末期に近い頃である。それは在来の天童信仰ともいうべき日神（太陽霊）と穀霊の信仰を基層に置き、それに修験道、観音信仰が複合し、神仙思想まで絡んでいる。

天道法師といえば仏僧で、在来の神道であるテンドウと仏教（特に真言密教）との習合と理解されるが、天道童子というときは、在来のテンドウ（日子）が、道教的方術を会得した神仙ともなっている。殊に天童が天空を飛行したという説話は、楚の屈原が『楚辞』の「離騒」で詠んだ天上界の遊びにも通じる思想があったのではないかと思われる。

『日本書紀』斉明天皇元（六五五）年夏五月に、「空中を竜に乗って飛翔する者が有り、その容貌が唐人に似ている」とあることは前にも引いたが、この頃から天空飛翔の方術が話題となり、丹後風土記の島子の説話のように、仙都にあこがれる口承文学も興ったのであろう。その流れの一こまとして天道法師縁起も理解できる。

5. 日光感精神話の流れ

天道信仰の核をなしているテンドウとは、太陽霊すなわちオテントウにほかならず、これが童形の神にイメージされ、天道童子となるわけだが、この天童の出誕に日光感精神話が援用された。そのことは佐護の天道女躰宮の女神像が証言してくれる。

佐護は古くから、天神多久頭魂神社と神御魂神社があった所で、そこに天童の誕生を語る神妻（大日霎）の神話があったことから、その仏承が天童信仰の〝女房神〟となり、神像として造顕されたものと考察される。

この佐護と同様の所伝が豆酘郷の内院村にもあったので、それが天道縁起に組み込まれたが、近世になって筆録されたとき二つの異伝があった。その天童の母を貴女とする説と賤女とする説である。前記「菩薩縁起」は貴女説を取り、「法師縁起」は賤女説を取っている。

由来東洋の古い文化のなかに日光感精神話があるが、その有名な例として①高句麗の始祖東明王の生誕神話（『三国史記』「高句麗本紀」及び「廣開土王碑文」）。②新羅王子という天日槍《あめのひぼこ》の所伝（『日本書紀』垂仁朝、『古事記』には天日矛とある）。③『三国史記』「新羅本紀」の末年に見える海東始王の伝。④『惟賢比丘筆記』の「大隅正八幡宮本縁事」、が挙げられる。

このなかで、①と②はその母が賤女だが、③と④はともに帝室の皇女とある。それに夫のない身で妊娠したことを不義として、空船に乗せて流したことまで③と④はよく似ている。③は新羅の話で、④は大隅の話だが、その中間にある対馬の説話はどうか。

「菩薩縁起」の天童の母が照日（日神）の女とあることは、この女は日神の巫女であり神妻の意で、貴女というより聖女である。①の東明王の母も、賤女というより神妻と見るのが至当だと思う。東明王は正しく天童で、日本流に言えば日子であり、その母は大日孁となる。

また「天道法師縁起」では、天童の母を内院女御の婢としているが、この内院女御という女性の素性がわからない。そこでもう一つの異伝として三品彰英が豆酘で採集した話に「昔、宮中の女御が不義のためウツロ船に乗せて流されたのが、内院の浜に漂流した。その時すでに懐妊していた」というもので、その子が天童になるのだが、この話は大隅八幡の縁起の亜流である。

そのことは「天道法師縁起」にも、「内院の女御は昔日、大隅国より正八幡宮を氏神として勧請せり、今内院の正八幡是なり」と記し、『対州神社誌』（一六八六年撰）にも、内院村に「新正八幡宮」があることから、この縁起が大隅より持ち込まれた公算が大きいが、この問題について検証しなければならないことがある。

その第一は、内院女御というのは宮中の人物ではなく、縁起にいう照日の女（天童の母となる神妻・大日孁）の別称ではないかということである。この認識に立ったとき多年の悩みが解明された。それは対馬の天童と大隅の八幡が共に日神の子で、母は大日孁という素性の共通性があったから、縁起の擦り合わせが行われたのではないか。『対州神社誌』には、内院久保小路村の「新正八幡宮」について、

新正八幡宮。神躰阿弥陀。

（祭神は）天道童子の母親と申伝候。但し神躰阿弥陀なるを以て、八幡の本地は阿弥陀という説を用いて正八幡となすと云う。

と記している。これでわかるように、祭神は天童の母である。俗伝でも天童の母という。佐護の女房神と同じである。しかし神躰が阿弥陀仏であることから、阿弥陀は八幡神の本地仏なので、社号を正八幡宮としたわけで、大隅から勧請したという記載はない。

この『神社誌』が撰上された四年後に、天道法師縁起が筆録されたが、それには「大隅国より正八幡宮を勧請せり」と記している。これは対馬の天童と大隅八幡の縁起が似ていることを知った識者の言により、知名度の高い大隅正八幡宮の縁起に擦り合わせたことを、勧請という表現で

示したものと考察される。新羅国にも部分的に似た説話があったことを思えば、この流れはもっと遠くさかのぼる。

それは天道菩薩縁起に、照日の女としていることからして、この内院の八幡宮は、本来日神の祭祀であったと考証される。照日とは阿麻氏留（天照）神が中世には照日権現と号していた例と通じる。なお当社は現在「奈伊良神社」と号している。

6・天童宗儀の文化史的意義

天童菩薩の縁起が固まったのは、平安後期の神仏習合によるものだが、その宗儀の根底には、古い天童崇拝と穀霊崇拝が核となっている。その穀霊崇拝は赤米だけでなく、麦類にも豆類にもあるが、最も信心深く伝承されたのが豆酘の赤米神事である。その原始的な年中行事は、日本神道の原点と関わる宗儀がある。

また佐護の天神多久頭魂が〝天童〟と号したとき、その母神である神御魂を〝女房神〟と称し、その姿を具象した神像を伝えているのも、古神道の〝日子〟

奈伊良神社（旧称大隅正八幡宮）

と大日孁の宗儀を語ってくれる。なお日本神話の主神として、高皇産霊神・神皇産霊神があり、この二神は神々の祖神《おや》として多くの神々を産むわけだが、これが高御魂・神御魂として対馬の南北に鎮座している。その高御霊が対馬から大和へ迎えられ、高皇産霊となる『日本書紀』の所伝については後述する。

また天童の宗儀には、嶽の神（岳神）、森の神、川や渕の神（水神）が眷属神として関わりを持っている。このことは天童信仰の本質が、原始アニミズム（精霊崇拝）の世界に発したものであることを語っている。そこには自然への畏敬の念があり、聖地に神を祀ったもので、これは日本神道の原点でもあったことは言うまでもない。

一方豆酘の年中行事が、東洋の古い習俗であることは、苗族などの文化と比較して確認された。中国における最初の稲作民といわれる苗族の末裔の仏承と、同根の文化が豆酘の旧慣に伝えられていたのである。

また豆酘の天童山のアジールが、馬韓の天神の祭場と共通していること、島内各地の天童茂と呼ばれる聖林や、神体木を崇敬した俗信が、韓半島に例が多いことから考えて、これらは東洋的古俗の残映とも言える。

対馬の天童信仰とその宗儀をもって、「対馬神道」と称した向きもあったが、その対馬神道の存在意義は、アジア大陸から日本列島へ、〝穀霊〟と〝天神〟を橋渡しすることにあったとも言える。

四、オヒデリとイカヅチ

1．阿礼の日照神と雷命

厳原町西海岸の阿連《あれ》という村落は、『日本後紀』の延暦二四（八〇五）年六月五日に、「対馬島下県郡阿礼村」と見える古邑であるが、この村に〝オヒデリ〟と〝イカヅチ〟という二つの祭祀が村の東西に配祀されている。オヒデリとはその名の通り「お日照」で、イカヅチとは雷電のことである。

このイカヅチは「雷命神社」として『延喜式』に見える名神だが、オヒデリは延喜式にない。『対州神社誌』には、

日照大明神。神体無之、楠を祭る。勧請来暦不相知。祭礼之義は十一月九日、村中より巫を以て神楽仕る。

とあるように社祠もなく、森の楠を祀ったもので、この森は村の東にあって聖地である。祭神の名は〝日照明神〟で、正しく日神を表明している。

雷命神社の杜

対する雷命は川下の渕の畔にあり、『対州神社誌』には

八竜大明神。神体無之、榧木を祭り来る也。勧請之儀不相知。祭礼之義は六月八日、十一月八日、村中より巫を以て神楽仕る。

とあるように、ここでは榧《かや》の木を祀ったものだが、〝八竜〟というからには八本の榧の巨木があったらしい。榧の葉には鋭い刺《とげ》があることを思えば、雷神の神体木として畏敬された意が分かる。雷神が川渕から山に登るイメージがこの環境から読みとれる。

お日照は日を照らせる神、雷命は雨を降らせる神である。長雨が続くと日照に祈り、干魃《かんばつ》が続くと雷命に祈る。それを調節するのは司祭の人徳にかかっていた。『魏志』「東夷伝」の夫余国では、干魃が続いて作物が稔らない時は、王を廃立したり、王を殺そうという議が起ったという。それは王が最高の司祭だからである。これが東洋における原始の国の文化であった。

九月末日、雷命は出雲へ船出する。そして十一月朔日に帰るまで、出雲へ行かないお日照が山から降りてきて、雷命の社に入って村を守るという。十一月朔日はどこでも〝お入座《いりませ》〟の祭日。

オヒデリサマの元山送り

その七日後の霜月八日、雷命の社で大祭があり、翌九日、お日照をお送りする「元山送り」の行事がある。このときお日照は懐妊されているという。

　雷命は男神、お日照は女神ということになる。雷命の杜《もり》（森）に若宮明神があるのはその御子神である。

　地名を「アレ」（阿礼・阿連）ということは、御子神の〝誕《あ》れ〟であろうといわれている。京都の賀茂社にも〝御《み》阿《あ》礼《れ》〟の神事が知られているが、賀茂御祖《みおや》神社（下鴨社）の祭神は玉依姫で、賀茂別雷《わけいかづち》（上鴨社）の祭神は雷神である。玉依姫というのは各地にあるが、その本義は玉（神霊）の憑《よ》りつく姫で、神妻のことである。

　阿連の雷命を八竜神と号したように、雷神はすなわち竜神である。これについては前述したが、日神もまた竜である。この阿連の雷神と日神の神婚による御子神の生誕は、佐護や内院の日光感精とは別の日子誕生を伝えたもので、対馬の天童伝説が一元的なものでなかったことを教えてくれるが、〝みあれ〟の神事は伝承が絶えている。

　それを想像するとき参考になるのは、京都の賀茂神社の〝御蔭《みかげ》祭〟である。一年に一度だけ、上鴨の雷神が川を流れてきて、下鴨の斎王《いつきのみこ》と呼ばれる巫女にすくいあげられ、斎王は一夜の神妻となり、〝御阿礼〟の神事が行われるのが五月十二日で、同十五日の賀茂の大祭として有名な「葵祭《あおいまつり》」がある。

　これから推して阿連の場合は、雷命が入座した霜月朔日から八日の大祭までの間、お日照は雷命と同居していたわけだから、八日の大祭はその神婚の祝儀にほかならず、お日照は大日孁でもあったことになる。

2. 阿麻氏留神（天日神）

『延喜式』神名帳には、対馬島下県郡の阿麻氏留神社があり、これは国史『三代実録』にも阿麻氏留とある。天照御魂とした神社は畿内に数社あり、天照神社も播磨（兵庫県）にあるが、阿麻氏留と万葉仮名で書いた社名はほかにない。

アマテルミタマといえば太陽霊そのもので、人格神となったアマテラス大神より古い神名だといえる。そしてアマテルはもっと素朴な自然神のように思えるのだが、この阿麻氏留が日神として歴史に登場する。『日本書紀』顕宗紀夏四月、

日神、人に著《かか》りて、阿閉臣事代《あべのおみことしろ》に謂て曰く。磐余《いはれ》の田を以て我が祖高皇産霊《たかみむすび》神に献れと。事代便《すなは》ち奏す。神の乞《こはし》の依《まま》に田十四町を献る。対馬の下県直《しもあがたのあたひ》、祠《まつり》に侍《つか》ふ。

とある日神は、対馬の阿麻氏留神とするのが通説となっている。なおこのことは、対馬にあった高御魂が、大和の磐余に遷って高皇産霊となった故事を反映した所伝といわれている。

この日神はアマテルという普通名詞で、固有の神名ではない。これを『先代旧事本紀』「天神本紀」には、

天日神命《あめのひのみたま》「県主」対馬県直等祖。

と記している。日神と書いてヒノミタマと訓むことは、日の霊《みたま》を神と崇めた名で、それは正にテントウと同義である。これが阿麻氏留神社の祭神なのである。

この阿麻氏留神社が中世の神仏習合時には〝照日権現〟と呼ばれていた。神道復古により古名に復したが、祭礼のなかで珍しい行事がある。大きな「日の丸」を描いた標的を立て、素製の大弓で射るわけだが、これは古い「射日神事」の伝承かと思われる。本来の意義は忘れられているが、それ以外に考えられない神事である。

射日神事というのは、古代中国の神話に、「天地が開かれたとき、太陽が十二個あって、地上が焼けるばかり暑かった。そのとき英雄が現れて、十一個を射落したので、太陽は一つになった」というのだが、その神話を演技して見せる神事があったもので、日本でもそれに倣った射日神事が行われている例が、萩原秀三郎の研究によって知られている。そこで、この天照神社の神事として、それがあったとしても不都合ではないだろう。

この日神が、高皇産霊神を「わが祖」と呼んでいることの意義は次章で述べるが、これは日本神道と対馬との重要な関係を掘り起すことになる。またその日神を、対馬の古族である県主(姓《かばね》は直)らの祖神《おやがみ》ということは、対馬の古族県直の祖は〝日子〟ということになり、それは『魏志』「倭人伝」にいう「対馬国の大官卑狗《ひこ》」に通じる系譜が考えられるが、これについても第五章で述べる。

3.日照神と照日神

阿連の「お日照り様」のほかに、『対馬国大小神社帳』には雞知村にも「日照神社」があるが、「右者中昔以来薬師如来を付祭して薬師堂と云う」とあり、日神が薬師仏になったという。

また久根田舎にも「お日照り様」の地名があり、古木の周りを神域としているが、祠もなく、祭りは絶えて、格別の伝説もない。

以上の日照神と別に、照日という所がいくつかある。

『対州神社誌』の佐須奈村に、

てるひ神。神体石、勧請不知。社は浜中の「てるが島」と申す所に有之、南向也。此の島に雑木・松有之、此所まで村より一町程。

祭礼は六月初午、霜月朔日。

とあるが格別の由緒は伝えていない。

小般越の照日権現と同名の、もう一つの照日神が内院にあった。それは天道菩薩縁起に〝照日の女〟と見える天童の母神の祭祀である。これについては、当地に長者伝説があって、その在所を照日の⿰阝采《さえ》（谷の方言）ということから、これを照日長者の女《むすめ》のように解されたが、この照日の⿰阝采というのは、照日神を祀った森厳な杜であった。そこで照日の女とは、照日神に侍える巫女であり、神妻として日光感精神話が伝えられたものと考証され、すなわち照日の女は、佐護の女房神と同様大日孁だったのである。

阿麻氐留神社の杜

佐護には天童の母を形象した神像があるがそれを語る神話はなく、内院には巫女が日光に感精して天童を産んだ神話があるが、形象されたものはない。両方を合わせてみるとよくわかる。内院の照日の陎に鎮まる神は天童の母神と伝えているが、それが大隅正八幡宮となったのは、その神話の類似から、より形の整った大隅八幡を本地とした中世後期の変化である。

中世後期は口承文芸の盛んな時代で、多くの説話を伝えたものだが、在地の日神の神妻を、ウツロ舟に乗せて流された内院女御としたのもその類である。内院の本来の地名は、中世史料にナイ（奈伊・納）とあり、当地の大隅正八幡宮は、現在では奈伊良神社と号している。

この神社の前庭に、「天童の母の墓」と伝える見事な宝篋印塔が立っている。全長約三メートル、九州にはない京風の造形で、南北朝時代の形式と見られている。これを墓というのは正しくないが、これだけの供養塔を建てる強烈な信仰が当時あったのである。なおこの塔の存在が、大隅八幡が勧請される以前から、当地に天童の母の祭祀があったことを示している。この塔が、九州にはない京風であることについては第五章で述べる。

4・雷神と岳神

阿連の雷命のほかにもう一社、豆酘に雷《いかづち》神社がある。しかし本社は『対州神社誌』には「嶽之大明神」とあったもので、それには、

社前の宝篋印塔

神体は則《すなはち》岩也。社無之。由緒不知。殿様之御占、並びに郡主の焼占《やきうら》、正月三日に仕る。

とあり、社《やしろ》のない磐座《いわくら》で、正月三日に亀卜《きぼく》を行った所である。焼卜とは、亀の甲で調製した卜甲の裏を清火で灼《や》き、甲の表に生じた亀裂を読んで吉凶を判断したもので、この卜術を亀卜（きぼく・かめうら）といった。この年頭の年卜《としうらない》が上県の佐護と下県の豆酘で、明治四（一八七一）年まで行われた。

この豆酘の雷神を嶽之神と号したように、雷神と岳神は一体のものだったのである。その祭祀はどこも社がなく、天然の磐座《いわくら》か、自然の老樹を神木とした神籬《ひもろぎ》で、祭祀が絶えた所も多い。イカヅチという地名だけが遺った所もあるが、それより多いのは嶽と呼ばれる山の名で、大概の郷村に一つか二つ嶽があるのは、古くは〝雨乞い〟の祭りと関係があったと考えられる。

嶽之神の祭日としては六月、九月、霜月の所が多い。このうち霜月祭は前記「雷命」の御入座《おいりませ》と同じで、それに冬至の祭りがあった。それより六月の嶽之神祭に注目したのは、六月は水無月《みなづき》で、雨乞いの季節だからである。

中国の「殷墟卜辞《いんきょぼくじ》」（殷の遺跡から出土した亀卜の辞）に、

岳に舞すれば、雨降らんか。

という句がある。「岳神に舞（神楽）を奉納すれば、雨が降るか」というわけで、岳神は降雨を祈る神でもあった。卜辞にはいろいろあるが、雷神の本領は降雨であろう。

上対馬の浜久須には、霹靂《へきれき》神社と号した珍しい名の神社があるが、これは霹靂と書いてイカヅチと訓《よ》んだもので、正しく雷雨の神だったのである。

5・タケノカミ（岳神）

対馬には上県の御嶽《みため》、下県の白嶽《しらたけ》をはじめ神嶽《こうだけ》（神山）、大嶽、大山《おやま》嶽、天神嶽、於呂《おろ》之嶽など、固有名詞で呼ぶ岳神と、権現岳、嶽之神と普通名詞で呼ばれる岳神が各地にあるが、それらは神籬・磐座の形式で社殿がなく、修験者以外には入山する者もなかったことから、その多くは神社誌に記載されていない。

(1)御嶽。『津島紀略』（一八世紀初頭）はこの山を本島第一の高山と記している。標高四九〇メートルは、下県の矢立山（六四八メートル）から白嶽に至る連山に及ぶべきもないのだが、昔の人はこの山を島の最高峰と観て、国魂神の霊地とした。〝御嶽〟の名の由来である。御嶽の東麓にメボロ（目保呂、迷暮路）という地名があるのを、その本名は〝ミモロ〟ではないかと私説を唱えてきたが、そうなると、大和の国魂神を鎮めた三輪山の古名〝三諸〟と通じることになる。

玄海の沖の島辺から対馬を眺めると、下県より上県が近く、矢立・白嶽の連山より御嶽が高く雄大に見える。対馬は筑紫（九州）から見れば下県が近いが、長門（本州）の北辺からは上県が近いのである。

(2)白嶽。御嶽にも竜良山《たてら》（天道岳）にも男嶽と女嶽があるが、白嶽の山頂は巨大な岩頭が二つに割れてそびえ立ち、北を女岩、南を男岩という。これは天道嶽が北を女嶽、南を男嶽というのと同じである。男岩の頂上部を北面から見ると、あたかもリンガ（男根）の形を呈している。対する女岩は北面の腹部に亀裂があって、その中は大きな洞窟になっている。

　その洞窟の奥に神座がある状況は、いみじくも神話の世界に通じるものがある。それは日本神話の〝天石窟《あまのいわや》〟を思わせるだけでなく、高句麗の始祖朱蒙（東明王）の母が墜穴《ずいけつ》（岩窟）に祀られていた、という古伝にも通じる。白嶽の東側の村、洲藻の上里《かみざと》に白嶽明神を祭る神社があるが、もとは拝殿だけあって本殿はなく、白嶽を遥拝する形になっていた。その洲藻川の河岸段丘には、弥生終末期最大級の墳墓がある。

　俗人の入山を許さず、千古斧越《ふえつ》を入れなかった白嶽は、貴重な天然の原始林として、大正一二（一九二）年に国の天然記念物に指定されている。

(3)大嶽。同名の山が三根と仁位とにあ

白嶽の女岩　　霊峰白嶽の男岩

るが、仁位の大嶽は、霜月の初酉の日に、一番鶏の鳴声を待って、神主を先頭に山道を登り、頂上で御酒・御饌を供え、東の海から日が出るのを拝して祭礼を行ったという。

(4)安神《あがみ》の嶽之神は霜月十六日、村中から選ばれた六人の若者（男）が、夜の明けないうちに海に入り、禊《みそ》ぎをして衣服を改め、鹿皮の法被《はっぴ》を着て供物を担ぎ、神主を先頭に登山する。その時、家々では静かに忌籠《いごもり》して時を待つ。

頂上に着くと祭場に御幣を立て、供物を並べ、日本海から日が昇るのに合わせて神主が祝詞をあげ、礼拝して下山の途中で休息、食事（直会）をして村に降る。その時、村中の男は老若揃って麓の山口まで出てこれを迎える。登山組の先達（中老という）が報告すると、村役がねぎらいの辞を述べ、山口の川原で宴会となる。

この行事の女人禁制の仕来りや、参拝者の出《い》で立ちが山伏の姿に見えることなど、中世的修験の法式とみられるが、だからといって中世に始まったものではない。霜月は太陽が最も衰える気節である。このとき太陽霊の復活を祈り、その再生を祝うのが霜月祭の意義である。霜月十六日は〝冬至〟の前後になることが多い。このような形での日神と嶽神の出合があった。嶽神は河神と共に古くから中国にあった雷神で、王朝の神事が行われたことはよく知られている。

6・ヤクマ神（水神）

対馬の旧慣では、六月の初午《うま》の日に〝ヤクマ〟という祭りがあったが、この行事には二つの神事が複合していた。その第一は夏作物の収穫祭で、第二は水神の祭りである。これはテンドウの夏祭で、夏作の小麦と豌豆《えんどう》で団子をつくり、これをハタクモンと称したが、これは〝畑物〟の意と解された。すなわち畑作物の穀霊である。

このハタクモンと麦酒と、季節の魚を供えてテンドウを祭り、またこれをもって川渕の水神を祭ったものだが、所によってどちらかに偏るので、両方ともよく遺っている例は少ない。

水神の祭りは俗に〝ガッパ祭り〟といわれたもので、そこには〝河童〟が馬を捕る伝説いわゆる「河童駒引《かっぱこまひき》」の噺《はなし》があった。馬捕渕という地名になった所も数ヶ所ある。河童が河神の少童であることは言うまでもない。

7. 護法神と大将軍

『対州神社誌』には、「護法大明神」とした祭祀が各地にあるが、これは「護法神」のことである。護法とは仏法を守るという意で、護法天童と号した神もある。それは護法童子ともいわれ、「仏法守護の護法善神に使役される童子姿の鬼神」とされたもので、中世には篤い信仰があった史料がある。

上県町志多留の護法神の「みやうぶ」の所へ宛てた、応永十（一四〇三）年と同十三年の寄進状が三通ある。「みやうぶ」というのは命婦・宮舞といわれる巫女のことで、寄進者は「宗しかの介資茂」とあり、時の伊奈郡主である。その一つには、

護法神の正月七日の御神楽に、寄附奉る所

として田地を寄進されている。この護法神が後世護王明神となり、現在では五王神社となり本

来の由緒もわからない。しかし村の氏神として、ヤクマ渕（馬捕渕）の畔に鎮座している。これが天童の祭りに関係した仕来りは、本来の護法天童の名残かと思うが、中世の頃、郡主から目をかけられた「護法神の神楽」が、どのような性質のものだったのか、全く知る手がかりもない。

　この村の西の山腹に「大将軍」と号する祠があり、『対州神社誌』にも記載されてはいるが、社殿もなく、祭神名もない。村の古老たちもその由緒を知るものはいなかった。『大漢和辞典』をひもとくと、大将軍は陰陽道でいう八将神の一つで、「この神の方向は、三年塞がるとして万事に忌む」とある。この大将軍は道教の神で、太白星（金星）の精として、方位を司る神といわれる。『史記』巻二十七天官書によれば、「常在東方、其赤、中国勝。其在西而赤、外国利」など、太白星の方位により軍事に関係した神とされている。その祠には毘沙門天《びしゃもんてん》を祀り、異民族に対したといわれるが、志多留の大将軍山の方位は北西、当地に蒙古が襲って来たという伝説を勘案すると、当をえているように思われる。

　この大将軍山の中腹に、古墳時代前期に編年される大将軍山古墳があり、漢鏡一面（後漢代）と、漢式土器と称された陶質土器の完成形など、舶載の貴重な遺物が出土していることからして、大陸との親縁な関係を示唆している。

大将軍山（この上方に祠があり、左手に古墳がある）

第四章
日本神道と対馬の古俗

一、倭の王権と日神信仰

1.倭王朝の王権神話

大倭王朝の大王《おおきみ》（天皇）が、天照大神を皇祖神とし、その継承者をヒツギ（日嗣）として、その名に〝日子〟（彦）を冠したのは、王権の神聖を誇示したもので、これを『日本書紀』の神統譜で示すと、

天照《あまてらす》 大神《おおみかみ》（大日孁貴《おおひるめむち》）―正哉《まさか》吾《あ》勝勝《かつかつ》速日《はやひ》天《あまの》 忍穂《おしほ》耳《みみの》 尊《みこと》 ―天津《あまつ》彦《ひこ》火《ほ》瓊瓊《のにに》杵《ぎの》尊《みこと》 ―彦《ひこ》火《ほ》火《ほ》出《で》見《きの》尊《みこと》 ―彦波瀲武《ひこなぎさたけ》鸕《う》鷀草葺不合尊《がやふきあえずのみこと》 ―神日本《かむやまと》磐余《いわれ》彦天 皇《ひこすめらみこと》 （神武《じんむ》天皇）

となっている。これを『古事記』で見ると、

天照大御神―正勝《まさか》吾勝勝速日天忍穂耳命《みこと》 ―天津日高日子番能邇邇藝《ひこほのににぎ》命―天津日高日子波限《なぎさ》建《たけう》鵜《が》葺《や》草葺不合命―神倭《かむやまと》 伊波礼毘古《いはれひこ》命 （神武天皇）

とあり、用字の異なるところはあるが、訓《よ》みは大概同じである。このなかで最初の天皇の本名を『古事記』は神倭伊波礼毘古としたのに対し、『日本書紀』は〝神日本磐余彦天皇〟と書いている。イワレ（伊波礼・磐余）は南大和《やまと》にあった古代地名だが、その大和を古くは倭（または大倭）と書いた。日本と書いてヤマトと訓むのは、日本と書く国号が定まった七世紀以降のことに

相違なく、よってこの日本名は、この所伝がつくられた時期を示唆している。

天照大神という人格化された至高神は、七世紀後半の天武《てんむ》・持統《じとう》朝につくられたことが論証されている（筑紫申真「アマテラスの誕生」）。それに異存はないが、それにしても、王者のトーテムとして日神を祖とする信仰は古くからあったはずである。その日神とは太陽霊を神格化したもので、これが王の祖神とされていた。

古代の中国では、天帝を祭る者が〝天子〟と称して天下を統治した。天子と自称したのは秦の始皇帝が最初だが、それ以前から夏《か》王朝をはじめ、殷《いん》王朝も周《しゅう》王朝も始祖は天帝の子とされていた。天下に君臨する者は、すなわち天子だったのである。倭の大王《おおきみ》が〝日子〟と称したのはこれと同じ論理で、その統治者を「すめらみこと」と号したが、これを〝天皇〟としたのは天武・持統帝の時である。

天武帝は「天渟中原瀛眞人天皇《あまのぬなはらおきのまひと》」。持統帝は「高天原廣野姫天皇《たかまのはらひろのひめ》」といわれるように、この両帝（実は御夫妻）は〝天〟の哲学を体した道教的教養を示したもので、建国の神話のなかに〝高天原〟が設定され、天照大神が誕生し、その宝祚《あまつひつぎ》（天津日嗣）を皇孫に授ける神勅がつくられたのはこの時だといわれるゆえんである。

持統帝は天智帝の二女ウノササラで、天武帝の皇后となり、天武の没後皇位を嗣いだ女帝であったが、この女帝が皇孫（文武天皇）に統を嗣がせた事情が反映しているともいわれる。『古事記』に続いて『日本書紀』が撰上されたのはその直後である。

持統天皇の御代に、宮廷歌人として高名な柿本人麻呂は、天皇の御稜威《みいつ》（威光）を讃える歌を

多く詠んでいるが、そのなかによく知られた歌として、

大君は　神にしませば　天雲の　雷《いかづち》の上に　廬《いほり》せるかも（『万葉集』巻三）

というのがある。正に高天原広野姫天皇にふさわしい讃歌であるが、また長歌の冒頭に、

やすみしし　吾が大君　高照らす　日の皇子《みこ》

と詠んでいる。これは大君を〝日の皇子〟としてあがめ、皇位の神聖を万世に保たんとする思潮を高揚したものであることがよくわかる。こうして王権神話が完成したわけだが、ひるがえって倭王朝における日神の祭祀について論を進める。

『魏志』「東夷伝」には、夫余や高句麗の祭天について詳述し、また馬韓でも天神を祭る事を記載しているが、倭人伝にはそのような記載がない。

2．日子《ひこ》と大日孁《おおひるめ》

魏使の関心を引くような、天的宗儀の祭天儀礼は無かったにしても、日神（太陽霊）を信仰する素朴な祭祀《まつり》はあったはずだと思うのは、考古学の発掘資料のなかに、祭器と見られる遺物があったり、神話を具象したと見られる呪物があるからである。

『古事記』『日本書紀』が撰上されたのは八世紀初頭、元明・元正帝の世であるが、このために上古の諸資料を検討し、編集作業を開始したのは天武朝からである。この間に、新旧の諸資料が混交したところがあったり、後から挿入された所伝があることが、近年の研究で指摘されている。なかには編纂時に改められた所伝もあるという。

天照大神が、天武・持統朝につくられたというのもその一つだが、そのアマテラスにはオオヒルメ（大日孁）という原像があったことは、天照大神を大日孁尊とした『日本書紀』の記載（神代上・四神出生。神武即位前紀）がこれを明示している。すなわち天照大神という皇祖神は、オオヒルメという神女をモデルとして、哲学的につくられた女神だったのである。

そこでオオヒルメとはなにかといえば、これを『日本書紀』は大日孁貴と書き、天照大神の別名というのだが、この女神の原像は、「日神の祀《まつ》り侍《つか》える神女《みこ》」だということは、記・紀の所伝に見えるアマテラス（オオヒルメ）の姿がそれを語っている。

すなわち新嘗《にいなへ》の田を営み、忌服屋《いみはたや》に坐《ま》して神衣を織る女の姿は、大神に侍《つか》える神女にほかならない。その神女は神妻ともいわれたもので、これが日子の母ともなった。この日子と母（神妻）の関係をよく具像した例として、対馬の天童の女房神の像がある（第三章の「天童の母の像」参照）。

オテントウサマ（太陽霊）を崇拝する習俗は、原始時代からあったであろう。これを日神として祀ったのはいつの時代からかよく分からないが、上代から全国各地に日神の祭祀がある。アマテラスが誕生した伊勢の度会県《わたらいのあがた》にも古い日神の祀があって、その神性は蛇（男性の蛇）であったという。

伊勢神宮の神女は齋王《いつきのみこ》とよばれ、未婚の皇女から選ばれたが、本来は土着の神女だったはずで、それが日の神に侍え、日の神の妻となり、日子の母神となった形式は対馬の女房神と同じである。オオヒルメとは、日の神の妻であり母でもあった。対馬の場合は女房神という俗神の形で終ったが、伊勢のオオヒルメは天武・持統帝の御贔《ひいき》にあずかり、アマテラスに昇格して、皇祖神ともされたのは、天皇がやんごとなき日子となったからである。

オオヒルメについて、格好の例として「大隅八幡宮本縁事」を前述（第三章）したが、あの日光に感精して日子を懐妊した姫の名を大比留女《おおひるめ》とよんでいる。ヒルメとは神妻であり、母神でもある。

3・対馬国の大官〝卑狗〟

『魏志』「倭人伝」に、最初の倭人国として記載された対馬国は、その大官を〝卑狗〟、副を卑奴母離と記している。卑狗の漢音は「ヒコ」で、この名義は倭語の〝日子〟（彦）と解され、卑奴母離は夷守《ひなもり》として、この大官と副官は邪馬台国からの派遣官であろうといわれている。なお卑奴母離は一支国、奴《な》国、不弥《うみ》国にもあり、これを夷守と解するのは、辺境守備の官名として古代にもあったからだが、このヒナモリについては、これを日（火）の守とする説（竹内理三『長崎県史』）があり、これに従う。

中国の書は東夷の民族に卑字を当てるが、この大官卑狗は卑《いや》しい狗《いぬ》ではない。それは邪馬台国の官だとしても、もともと原始対馬国の王であろう。北部九州の奴《な》国や伊都《いと》国には王がいたことを、後漢書や魏志で知られているが、対馬国に王がいたことを示す史料はない。しかし弥生中期から後期に亘る遺跡から、前漢鏡をはじめたくさんの青銅器や漢陶が出土しているが、そのなかには楽浪《らくろう》郡から舶載したと見られる資料も多い。これを所持した島の首長は、中国朝廷から親任された史料はないが、王と号して使譯を通じていたはずだ。
その王者が卑狗と書かれたのではないか。その日子は固有名詞ではなく、王者の普通名詞である。『魏志』「倭人伝」は対馬国の次に一支《いき》国を載せているが、一支国もまた官卑狗、副卑奴母離となっている。壱岐では現在、一支国の王都であったと見られる遺跡「原の辻」を発掘調査しているが、これは対馬国の王都を考えるうえで大いに参考になる。

『先代旧事本紀』の「天神本紀」には、
天日神命《あまのひのみたまのみこと》「県主《あがたぬし》」対馬県直《あがたのあたいらの》等祖

と記載している。対馬県直というのは古代対馬の豪族で、県（あがた）とは上代における朝廷の直轄地、県主はその県を支配する官名で、直（あたい）というのは朝廷から貰った姓（かばね）である。

その対馬の古族県直が、天日神を祖神としていたということは、対馬直の族が日子の後裔であることを語っているようで、その蓋然性は高いと思う。ここで天日神を「ひのみたま」と訓《よ》んでいることは、それが太陽霊を意味したものであることは明らかで、そこには天照大神というような人格神の形はない。すなわち「日の御霊《みたま》」という自然神の素朴な信仰が読みとれる。

この天日神が、阿麻氐留《あまてる》神社の祭神で、この神社は六国史にも延喜式にも、阿麻氐留と万葉仮名で書かれている。中世には照日権現と号しているが、近世の『対馬国大小神社帳』には、「照日権現、右者旧号天照之神社」と考証され、明治初期の神社整理により、阿麻氐留の古名に復している。

この阿麻氏留神が、天照《あまてらす》神でないところにこの神の本義を伝えている。それは二次的につくられたアマテラスではないことである。すなわち天照大神を勧請したのではなく〝対馬固有の天日神（アメノヒノミタマ）を祀ったことで、そこには二次的人格神でない原始のカミが鎮まっているわけだ。

4・卑狗と卑弥呼

対馬国の大官卑狗、壱岐国の官卑狗のほかに、よく似た官名として狗奴《くな》国の狗古智卑狗《くこちひこ》がある。その狗奴国は女王（卑弥呼）の統治する境界の南にあり、女王に属せずとあるがその所在は不明。その国では「男子を王となし、その官に狗古智卑狗有り」と記している。

対馬・一支の卑狗は普通名詞で、おそらく世襲名であろうと思うが、狗古智卑狗は固有名詞のように解される。この狗奴国は男王がいて、その下に狗古智卑狗という官があるのは、対馬・一支の日子が女王から任命された官である事情と似た形とも言える。

倭に百余国有った小国が、生き残るために大国に服属したとき、小国の王者（首長）が大国の官となることがあるはずで、この卑狗たちは本来それぞれの国の王者（日子）であったと考える根拠として、対馬県直の祖神を前述したが、その系譜は、

天日神《アメノヒノミタマ》—日子—対馬県直

と導かれる。

この卑狗と通じる名に、女王の卑弥呼が挙げられる。〝ヒミコ〟の名義は日神《ひのかみ》に侍《つか》える神女《みこ》で、

オオヒルメと同じではないか。『魏志』「倭人伝」には、

卑弥呼、鬼道《きどう》に事《つか》え、能《よ》く衆を惑わし、年已《すで》に長大なるも夫壻《ふせい》無く、男弟有りて佐《たす》けて国を治む。

と書いている。この鬼道とは、中国の道教のことだといわれるが、新しい道教的教義によって、大衆の心を引き付けたのだろうか。それとも神懸《かみがかり》して、神託をもって衆を心服させるので、鬼道と表現したのであろうか。生涯独り身であったのも、神に事える神女だったからである。そうしたヒミコの姿から、彼女を天照大神の原像と考える説もある。

5・東洋的祭天の古俗

記・紀の神話に、高天原《たかまのはら》の天　安之《あまのやすの》河辺《かはべ》に八百万《やほよろず》の神たちが集会して、禱《いの》りを行った情景を詳しく記載している。この禱りの式次第が上代の祭祀を知る貴重な資料ともされるものだが、その要点を次に掲げる。

(1)常世《とこよ》の長鳴鳥《ながなきとり》を集めて、互に長鳴させる。
(2)鏡造りの祖《おや》に鏡を造らせ、玉造の祖に八尺瓊勾玉《やさかにのまがたま》を造らせる。
(3)中臣《なかとみ》の遠祖天　児屋命《あめのこやね》・忌部《いたべ》の遠祖太玉命《ふとだま》に、天　香山《あまのかぐやま》の真男鹿《まおじか》の肩骨を内抜《うちぬき》に抜き、天香山の波波迦《ははか》を取って卜占《うらない》させる。
(4)天児屋命と太玉命に、天香山の真賢木《まさかき》を根掘《ねこじ》にして、上枝に勾玉を懸け、中枝に鏡を懸け、下枝に青と白の和幣《にぎて》を懸けて、相共に祈禱《いのり》をさせる。

(5)猿女君《さるめのきみ》の遠祖天鈿女《うずめ》命に、天香山の日影《ひかげ》（植物）を手次《たすき》に懸けて、真賢木を鬘《かづら》とし、茅纒《ちまき》の矛を持ちて俳優《わざおぎ》させる。

というもので、神事の主役は中臣氏と忌部氏の遠祖で、この両氏が祈禱を行い、卜占を行うことは、巫官と卜官を兼帯していたことになる。中国の古代王朝では、王の下に巫官《ふかん》と卜官《ぼくかん》がいて、巫官は神に祈り、卜官は卜占《うらない》をしたもので、日本の朝廷でも神祇官に神部《かんべ》と卜部《うらべ》があったことを考えると、この巫官と卜官を兼任した所伝には検討の余地がある。

そもそも中臣氏の祖が司祭者で、卜者でもあるわけは、中臣氏が神祇官を支配するようになった時代の反映であろうと言われるように、天武・持統朝の重臣であった藤原不比等《ふじわらのふひと》の存在を思えば何となくうなずける。不比等は鎌足《かまたり》の子で、鎌足は中臣氏の出であった。やがて太政官を藤原氏が、神祇官を中臣氏が支配する時代となり、卜部らも固有の系譜を改めて、天児屋命を祖神とした系譜については前述した（序章・三、「ヤマト王権と対馬の古族」参照）。

神祇官ができた当時の卜部は亀卜《きぼく》（かめうら）を行っていたはずだが、これに書かれている卜占は古式の鹿卜《かぼく》（しかうら）である。鹿卜に用いた卜骨は弥生時代中期から各地で出土例があり、『魏志』「倭人伝」にも、倭人の習俗として「骨を灼《や》いて、吉凶を占う」と記し、その作法は、中国における亀卜のようだと書いている。その中国では、鹿卜は新石器時代の後期からあるが、亀卜は殷代の後期から登場する。日本でも時代は大きく隔たるが、鹿卜から亀卜へ進んだ流れは同じである。

一八九一年、久米邦武は「神道は祭天の古俗」と題した論文で、日本神道の大典である新嘗祭を取り上げて、「新嘗祭は天照大神を祭ると非ず。天を祭る古典なり」として、天照大神が新嘗の神衣を織るために斎服殿に居坐《いま》したことを挙げている。そのあと「新嘗祭は東洋の古俗にて、韓土もみな然り」として、『後漢書』(『魏志』も同じ)に見える高句麗、濊《わい》、馬韓、夫余の祭天を載せたうえで、馬韓の蘇塗《そと》の聖地に大木を立てて鈴鼓を懸け、鬼神に事《つか》える情景を、記・紀の天安河原の情景と対比して、これを同様の神座《かなぐら》と分析している。

この論文は日本における神話研究の端緒を開いたものとして有名だが、新嘗祭のこと、伊勢大神宮のこと、賢所および三種神器のこと、神道のことを色々と論じたあと、

教典さえ備はらぬ神道の古俗に任せたならば、国中今に蒙昧《もうまい》の野民に止まり、台湾の生蕃と一般ならんのみ。

とした文辞などもあって、これが大きな物議を醸《かも》した。西洋流の科学的研究法をもって、この国の固陋《ころう》な歴史像に風穴を開けようとしたのであろうが、刺激が強過ぎて騒ぎとなったのである。日本固有の神話と信じていたものを東洋の古俗として、なかには史実にあらずと断じたものもあり、これに感動した人もいた反面、伝統的歴史観を動揺させるものとして、これを弾劾《だんがい》する運動が展開された。明治二五(一八九二)年四月付、在京有志中として出されたその檄文には、「国家の基本を打破し、皇祖皇宗《こうそこうそう》の尊厳を冒瀆《ぼうとく》せるもの」という大袈裟《おおげさ》な文辞が躍っている。

結果として久米教授は東大を追われた形になり、以来一九四五年の敗戦まで、この手の研究はタブー視されることになったのである。その久米は「何国にても、神てふものを推究《おしきわ》むれば天なり、天神なり」という。中国哲学では、神とは天神なりというが、しかし天神のほかに地祇があ

り、海神や多くの神々があるのだから、この論は、天神以外の神々を無視するものだという理屈もつけられる。

天を神と観るのは、そこに祖霊がましますからで、神とは祖先の霊とする哲学がある。中国哲学では、人の霊《れい》は天に昇り、魂《こん》は地に蟠《わたかま》るという。しかし海洋民の世界では、霊魂は海の彼方に往生する。アジアのなかでも北方系の民族はよく天を祭り、テングリ（上天・天神）を至高神としたもので、『後漢書』や『魏志』「東夷伝」は、扶余、高句麗、濊、馬韓の〝祭天〟を大書している。この祭天が「倭人伝」にないのは、倭人が海洋民だからであろうか。

近年、中国の少数民族（非漢族）の文化が明らかになるにつれ、そこにも韓伝の蘇塗と似た祭祀があったことが分かってきた。その文化はもともと長江（揚子江）流域から淮河《わいが》流域に及ぶ稲作民の文化であったことが知られると、韓土の蘇塗も山東辺から稲作を伴って、海を渡ったのであろうといわれる（筆者も苗族の世界を探訪したが、萩原秀三郎の『稲と鳥と太陽の道』ほか一連の著書・論文に共感するところが多い）。

『記・紀』神話の〝高天原〟は虚構の神界だが、そこに描かれた天石窟《あまのいわや》の風景や、祈禱・卜事の次第など、古神道の作法やその理念を知る重要な資料である。そこに天香山《あまのかぐやま》の榊《さかき》を立て、天香山の雄鹿の肩骨を用いて卜事を行った記述には、いみじくも大倭の飛鳥《あさか》に宮都があった時代の祭事を反映したものと解される。

二、対馬から大和へ遷った名神たち

1. 対馬の高御魂と神御魂

対馬の西南端豆酘《つつ》の村で、赤米の穀霊をテンドウとして崇拝する土俗信仰については前述したが（第三章「神をつくる対馬の古俗」参照）、この豆酘に〝高御魂〟と号する神社がある。貞享三（一六八六）年撰上の『対州神社誌』には、「高雄むすぶの神」とあり、この神名をタカオムスブと訓《よ》んだことを示している。この高御魂は六国史にも見え、『延喜式』神名式には、対馬下県郡の式内社十三座の筆頭に、高御魂神社とある（本社の考証は前著『海神と天神』に詳述）。

豆酘の古俗で見たように、この村はテンドウ信仰の中心地で、カミ（テンドウ霊）をつくる神事があったが、神名の〝ムスブ〟は〝ムスビ〟とも発音し、神道復古以来、現在は「タカミムスビ」で通っている。「ムスビ」とは神霊を産《む》すことで、高御魂神は天童の祖神《おや》として祀られたものと解される。

テンドウ信仰のもう一所の中心地、佐護には神御魂神社があり、現在では神御霊と書いてカミミタマと号しているが、俗称では「女房神」という。これは『対州神社誌』にも女房神と記載され、中世（室町時代前期）に造顕された神像（旧御神体）の銘文には、本社を「天道女躰宮」と墨書している。これが天神の神妻であり、天童の母神であることは前に述べた通りだが、『対馬国神社大帳』にはこれを神御魂神社と録している。これはカンムスビノカミと訓んだはずだが訓仮名はない。

豆酘のタカミムスビ、佐護のカンムスビ、どちらもテンドウの祖神《おやがみ》として、対馬神道の原像を示すものだが、これと同名の産霊《むすび》の二神が、日本神道の主神とされている。『日本書紀』神代紀には、高皇《たかみ》産霊神《むすびのかみ》を高天原の主神として据えている。高皇産霊神、神皇産霊神が、沢山の神々の祖神とされ、造化の神といわれるのは、これが神霊をつくる産霊《むすび》の神だからである。『古事記』はこれを〝産巣日神〟と書いている。それは日神の祖《おや》という意であろう。なお『日本書紀』が〝皇産霊〟と書いたのは、これが皇祖神という意にほかならない。天皇の践祚《せんそ》大嘗祭《だいじようさい》の主祭神が高皇産霊神である。

2.タカミムスビの上京

『日本書紀』顕宗《けんぞう》天皇三年春二月条に、任那《みまな》に使した阿《あ》閇臣事代《べのおみことしろ》に、日神が人に著《かか》りて、「我が祖高皇《たかみ》産霊《むすび》神に、民地を以て献《たてまつ》れ」と託宣《たくせん》あり、事代の奏上により、この月神に山背《やましろ》国葛野《かどの》郡の歌の荒樔《あらす》田《た》を献上し、壱岐県主の祖がその祠《まつり》に侍《つか》えたとあり、同年夏六月条には、

日神人に著りて、阿閇臣事代に謂《い》いて曰く、磐余《いわれ》の田を以て我が祖高皇産霊に献れと。事代便《すなは》ち奏す。神の乞の依《まま》に田十四町を献り、対馬下県直祠に侍う。

とある。この二月条の月神とは壱岐に鎮まる月読《つきよみ》神で、四月条の日神は対馬に鎮まる阿麻氏留《あまてる》

神と考証されている。その日神が我が祖とよぶ高皇産霊は、対馬に鎮まる高御魂と見られ、これに献上した磐余の田は、大和国の磐余の神地と考察された上で、この記載は、対馬に鎮まる高皇産霊神を大和の王都に迎え、その祠官として対馬の下県直が侍えた故事を反映した所伝であろうといわれている（これは竹内理三、上田正昭両大家の説である）。

対馬の高御魂が大和において高皇産霊と表記されることになったのは、この神が皇祖神とされたからで、天皇の践祚《せんそ》大嘗《だいじょうさい》祭の主神ともされている。

『古事記』は冒頭に、

天地の初発《はじめ》の時、高天原に成りませる神の名は、天之御中主《みなかぬし》神、次に高御産巣日《たかみむすひ》神。次に神御産巣日神。

とあり、この三柱の神が造化の三神とよばれる日本神話の造物主とされている。このなかで天之御中主という神は、具体的に活動した事跡がなく、その祭祀もないことからこれは哲学的につくられた神名とみられている。『古事記』では高御産巣日・神御産巣日、『日本書紀』では高皇産霊・神皇産霊と書き、先代旧事本紀や新撰姓子録では高魂・神魂と書き、多くの神々の祖神《おやがみ》とされている。ムスビノカミとは神霊を生産する神とされたわけである。ちなみに「対馬県直は、高魂尊の五世の孫」と『先代旧事本紀』に録している。

対馬の土俗神であったはずの高御魂・神御魂が、王権神話の高皇産霊・神皇産霊と類似している関係については、前記顕宗紀の所伝から推理することが可能だが、神御魂についてはそれを言うことがむつかしい。ただ大和の葛下郡に多久豆玉神社（式内社）があり、これは対馬の佐護の天神多久頭多麻神社（式内社）と同名であるだけでなく、『新撰姓氏録』に、「爪工連。神魂命の男多久豆玉命の後なり」とあり、多久豆魂が神魂の子神だというのだから面白い。

佐護の多久頭魂が天童神で、神御魂（女房神）の御子神であることは前述した。タクツタマと号する名神は対馬とこの大和のほかにないのだから、この類似は偶然とは思えない。

大和国磐余の地は、神武天皇の名「神大和磐余彦」に由縁の地で、伝説上大和朝廷発祥の故地である。そこで高御魂の祭祀を調べると、『延喜式』神名式に見える大和国十市郡の目原坐高御魂神社かとされている（大和には高御魂を祀る式内社がほかにもあるが、地理的に目原が有力）。そこで目原坐高御魂神社の所在を尋ねると、三つの論社があって明らかでない。

『式内社調査報告』では、第一に橿原市太田市町にある天満神社（祭神は高御魂命・神産日命・菅原道真公）で、第二が橿原市木原町の耳成山《みみなしやま》にある耳成山口神社（祭神は大山祇神・高御産霊神）とあり、第三に橿原市山之坊町の山口神社（祭神は大山祇神）となっているが、いずれもこれを目原坐高御魂神社と証する史料はないという。

天満神社というのは菅公を合祀したことで社号を改めたわけだが、本来の祭神が高御魂と神産日ということに感銘したが、対馬との関係を語る伝えはない。

耳成山の木原の地名は目原の訛《なまり》とした説があるそうだが、大和三山の名峰耳成の山中に鎮まる山口神社は、その地理的位置が当を得ているように思われる。耳成山の真南に藤原宮の跡があり、東南に神話で名高い天香山《あまのかぐやま》、西南に畝傍《うねび》山があり、神武天皇由縁の伝説地に橿原神宮があるのだが、耳成山は三角形の頂点に立ち、その中に藤原宮（持統帝の宮都）がある形になる。

3・畿内王権と対馬・壱岐の古族

高御魂のほかに、対馬から大和へ遷った名神として、大和国添上郡の太祝詞《ふとのりと》神社（式内社）が挙げられる。現在太祝詞と号する神社はないが、『式内社調査報告』には、天理市森本町に鎮まる森神社（祭神天児屋根命）を、「諸説に従って、平安遷都以前の太祝詞神社にあてる有力な候補としておきたい」と報じている。

これに平安遷都以前と限ったのは、遷都後にこの神は京に遷ったという認識があったからである。それは『延喜式』神名式に、京中左京の二条に座す神として、太詔戸《ふとのりと》命と久慈眞智《くしまち》命があり、その註に「本社大和国添上郡・対馬国下県郡太祝詞神社」とあるからで、この太祝詞命は大和王権に召喚された対馬卜部が祖神とした卜神で、遷都とともに京へ遷座したことを語っている。対馬下県郡の加志（美津島町）にその本社（式内名神大社）がある。

この神が大和に出て、平安遷都に伴って京に出た軌跡は、朝廷に召された卜部と行を共にしたことを示している。

『皇太神宮儀式帳』の「大宮司次第」に、初期の大宮司の中に津嶋朝臣の名が見えることについては後述する。このことは、対馬の阿麻氐留神が伊勢に進出して、天照大神になったとかいうものではないが、津島朝臣が数代に亘って大宮司に就いている。津島朝臣の前身は津島県直で、対馬直ともいう。

『先代旧事本紀』の「国造《くにのみやつこ》本紀」には、

津島県直。

橿原の朝。高魂尊の五世の孫、建弥己己命《たけみここ》を改めて直と為す。

とある。『古事記』と『旧事本紀』は一貫して対馬を津島と書くので、この津島県直は対馬の県直である。橿原の朝廷は神武帝の世で、これを史実と見ることはできないが、それにしても国造を置いた最初の所伝に、畿内七国と並んで宇佐国造と津島県直が見えるのは、全くの虚伝とは思えない。ヤマトから見て、宇佐は九州経略の拠点であり、対馬は韓土へ通交する前進基地だからである。それゆえ対馬には国造に準じた直の姓を賜った県主がいたわけで、現在美津島町雞知《けち》の周辺に、四世紀の前方後方墳を筆頭に、畿内型古墳群があるのは対馬直の墳墓と見られている。

また西海道で一〇七社登録された式内社（官社）が、対馬に二九社あり、壱岐に二四社あることは、〝辺要〟と呼ばれたこの二島に、畿内王権が重大な関心を払っていたことを想像させる。そこで前記顕宗紀の所伝が活きてくる。

日本列島を統治したヤマト（倭）朝廷が、その王権儀礼を整えるにあたり、中華文化の祭祀と儀礼をいちはやく受容していた対馬・壱岐の古族を召喚したのではないか、というのが私の説である。高御魂が都の主神として鎮まり、対馬下県直が祠官となった。対馬の日神（アマテル）、壱岐の月神（ツキヨミ）が畿内に出て、両島の県主（姓は直）の一族が祠官となって活動し、日本神道の形成に貢献した。

そのことは、伊勢の皇太神宮の初期の大宮司として、津島朝臣《つしまあそん》の名が見えるほか、京畿の間に津島直、壱伎直、津島朝臣、伊吉連《いきのむらじ》、対馬連らの名が見えることで、これらは伊吉連が『新撰姓氏録』に「出自長安人劉家……」とあるほかは、津島（対馬）直、壱伎（壱岐）直の一族が畿内に出たものである。

4・対馬の日神と壱岐の月神

壱岐の月神（月読）が朝廷に召された形で畿内に進出し、山背国葛野郡歌荒田に鎮座したという顕宗紀の所伝を由緒とした神社が、『延喜式』神名式に「葛野坐月読神社、名神大社」とあり、現在京都市西京区松室山添町（旧葛野郡松室村山添）にある。すぐ北方に名神松尾大社が鎮座している。

月読社の祭神は月読命。相殿に高皇産霊尊を祀り、古い伝承に従った形で、環境もよく整っている。本社の祠官として伝えた壱岐県主の後裔は、『新撰姓氏録』の「右京神別」として「壱岐直。天児屋命の九世の孫、雷大臣の後也」とある。この系譜は後述する津島直も同系で、これは三国卜部が同じ系図を示している。

この壱岐の月神が畿内まで進出したのは、「わが祖高皇産霊神に、民地を献れ」と阿閇臣事代に託宣したことになっているが、これには「葛野地方に移住してきた壱岐直の一族が、この地に郷里壱岐島の月読神社を分祠するについての起源説

壱岐の月読神社

話ということができよう」とした見方があり（式内社調査報告）、もっともだと思う。

そこで壱岐直が畿内に出た動機について考えると、これは卜部《うらべ》の上京と関係してくるが、これについては後述する。対馬・壱岐・伊豆三国の卜部が朝廷に出仕したときそれぞれの祖神を奉じたものと思われる。卜部らは県主の一族であったので、その姓を直と称している。前述した太祝詞神社が、対馬から大和へ分祀され、さらに京の二条へ遷ったのは、対馬卜部の本来の祖神であった。しかし『新撰姓氏録』では、卜部らの祖神は三国とも天児屋命を遠祖とし、雷大臣を族祖として中臣氏の系譜に付会したかたちになっている。

天児屋命は中臣氏の遠祖とされ、高天原で卜占を行った神である。そこで考えられることは、卜部が中臣氏の支配となった後、その祖神伝承が改められたのではないかということだ。一説には中臣氏も本来卜部であったというが、それにしても始祖の時代から同族ではないはずで、系譜を改めたことは疑いない。

そこで壱岐直は本来、月読神を祖神としていたものと思われる。津島直が本来、天日神を祖としていたことは、『先代旧事本紀』の「天神本紀」に見えることは前述した。対馬の日神（アマテル）、壱岐の月神（ツキヨミ）の対照は、日読み・月読みが想起され、古い暦法があったのではないかと思うとき、『延喜式』「陰陽寮」の諸門鼓に、

立春之日前夜半時乃撤。撃㆘開㆓閇諸門㆒鼓㆖。
　以下或虚音、或対馬暦道例詞也。

とある〝対馬暦道〟とはなにか、を解したいのだが、それは卜部の関係したものというだけで、

詳しいことは分からない。

また壱岐の月神と同じように、阿閇臣事代に高皇産霊のことで神託をした対馬の日神が、同時に畿内に遷座したのではないかという思いで、対馬のアマテルとよく似た天照御魂《あまてるみたま》を祭神とする神社を調べてみた。対馬の阿麻氏留神社の祭神は天日神（アマノヒノミタマ）というのだが、天照御魂とは、アマテルとヒノミタマを合わせた神名で、無縁ではないように思われるからである。

そこで天照御魂、及びアマテル神を祭神とする式内社を並べてみた。このなかで筑後の伊勢天照御祖神社の祭神だけは、アマテルではなくアマテラスである。

(1)他田坐《おさだにます》天照御魂神社（大和）
(2)鏡作《かがみつくり》坐天照御魂神社（大和）
(3)木《き》嶋《じま》坐天照御魂神社（山城）
(4)新屋《にいや》坐天照御魂神社（摂津）
(5)天照大神高座神社（河内）
(6)粒《いいぼ》坐天照神社（播磨）
(7)天照玉命神社（丹波）
(8)伊勢天照御祖《みおや》神社（筑後）
(9)阿麻氏留神社（対馬）

三、対馬卜部の卜術

1．卜部と亀卜

肇国《はつくに》の天皇と称された崇神朝に、「神亀《うらへ》を以て……卜問《うらと》い」したとある。『日本書紀』のこの所伝を信じるなら、ヤマト朝廷に最初から卜部があったことになる。

これに神亀と当字してウラベと訓ませたのは、亀卜を念頭に置いたものとみられるが、崇神朝にはまだ亀卜はない。しかし卜官がいたことは考えられる。それでも、その卜事は亀卜ではなく、鹿卜だったはずである。日本列島では弥生時代から獣（主として鹿）の骨で卜占《うらない》をした資料（卜骨）が出土しているが、卜甲（亀甲）の出土例は古墳時代後期まで待たねばならない。

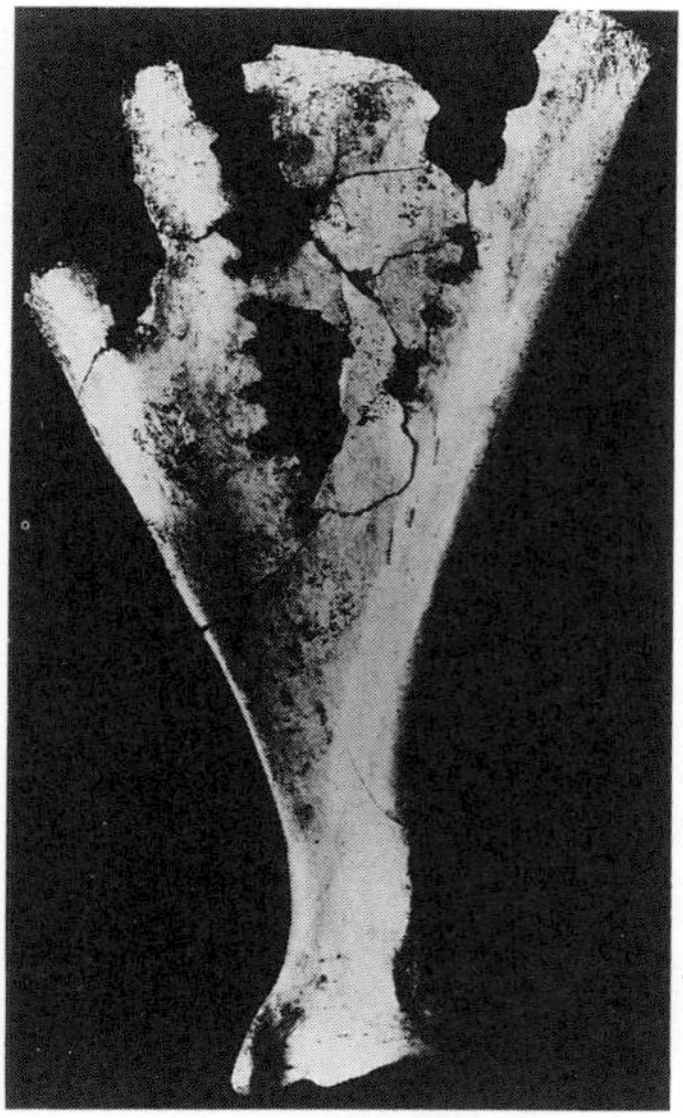

壱岐の卜骨（カラカミ遺跡出土）

対馬、壱岐、伊豆から卜者が出て、

朝廷の〝卜部〟が成立したのは、日本列島の主要部をほぼ統一した倭《やまと》王権が、その威厳を誇示する儀礼を整えるために、卜部を置いたという観点から、中華文化の洗礼をいち早く受容していた対馬・壱岐の古族を召して、その中華的卜術を以て仕えさせたのであろうという論を重ねてきたが、その中華的卜術こそ、神亀を以て卜合《うらな》う亀卜である。

この考えには、伊豆卜部は旧来の鹿卜を以て仕え、対馬・壱岐の卜部は亀卜を以て仕えたのではないか、後に伊豆卜部も亀卜を行ったのは、西国卜部から伝授されたものであるという先学の説を下敷とした年来の私見である。

対馬・壱岐の卜部が中央に進出した時期については、『日本書紀』顕宗天皇三年の、日神・月神の神託により、壱岐県主の祖、及び対馬下県直が畿内の祠《まつり》に侍《つか》えた説話ができた頃であろうとして、倭王武（雄略天皇）に至って大和朝廷の全国統一がほぼ成った頃、と示唆された竹内理三の説がある（『長崎県史』古代編「島々の亀卜と神々」）。

時は五世紀後半、倭王の威信を内外に誇示したときで、多くの部が置かれたが、そのなかには海外から渡米した帰化人も多い。この

対馬の卜甲（由来不詳）

「部」というのは大化前代、朝廷や豪族に支配された集団で、特殊技能をもって奉仕したものである。古くは宮廷の伴緒《とものお》ともいわれ、『古事記』に見える天孫降臨の五伴緒（天児屋命《あめのこやね》、布刀玉《ふとだま》命、天宇受売命《あめのうずめ》、伊斯許理度売命《いしこりどめ》、玉祖命《たまのおや》）は、中臣《なかとみ》、忌部《いむべ》、猿女《さるめ》、鏡作《かがみつくり》、玉祖《たまのおや》らの祖であるという。

この部を置く制は中国や朝鮮にも見られる制度で、特に百済《くだら》には五部制があった。天孫降臨に随伴した五伴緒は、天岩窟の神事で重要な役を演じた神々で、なかでも天児屋命と布刀玉命は卜事にも関係していた。これは朝廷の祭祀を中臣氏と忌部氏が管掌していたことの由緒を語ったものである。

三国卜部の成立については『神道史論叢』（滝川政次郎先生米寿記念論文集）に述べたことだが、卜部氏文ともいわれる「新撰亀相記」を研究した椿実は、卜部が宮廷に入った時期を「五世紀を降るものではあるまい」としているが、日本書紀には卜部のことが見えないだけでなく、肝腎の雄略朝に卜占記事が全くないのが説得力を弱くする。

これに対して平野邦雄は、日本古代史における「氏」の成立のなかで、亀卜が対馬・壱岐に入ったのは五世紀としても、宮廷の卜部が成立したのは欽明朝以後であろうという見解を示している（平野邦雄「日本古代における『氏』の成立とその構造」六五年）。

また平野博之は、対馬・壱岐の卜部の成立を研究したなかで、亀卜を行う対馬・壱岐の卜部は、鹿卜を行う東国卜部より成立がおくれることを論じたうえで、東国卜部の成立が五世紀から六世紀にかけての頃で、それが対馬・壱岐の亀卜に転換したのは六世紀末から七世紀の初め（崇峻・推古朝）と推定されている（平野博之「対馬・壱岐卜部の成立について」六六年）。

先年、考古学における卜甲の出土例として、対馬上県町志多留の縄文貝塚（上層は弥生貝塚）の上部から、卜甲の断片が一例出土しているが、出土した層位が乱れていた関係で時代が特定されていない。壱岐勝本町ミルメ遺跡（古墳時代後期）出土例、神奈川県三浦半島の間口洞遺跡出土例（古墳時代後期）等があり、それに対馬に伝承された由来不明の卜甲がこれとよく似ている。

平野博之が「伊豆の卜部が亀卜を習得したのは、中央で対馬・壱岐卜部との接触を通じてであろう」とされた見解は、正にその通りだと思うが、その亀卜が古墳時代後期に三浦半島まで達していた事実は、それ以前に対馬・壱岐卜部が成立していたことになり、対馬が大陸から亀卜を受容したのは、それより更に以前ということになる。

朝廷の卜部が成立する以前から対馬・壱岐には鹿卜も亀卜もあった。おそらく在地の古族県主の下に卜者として仕えていたはずで、その中から選ばれて朝廷に出仕するようになったのが中央の卜部であり、それは令制の卜部以前からあったのである。

2・津島亀卜伝記

まずは対馬卜部の書である「津島亀卜伝記」に、族祖雷大臣《いかつおみ》が、神功皇后に従って朝鮮に渡り、亀卜の術を習得して帰り、津島県直となったというが、この所伝の雷大臣とは、神功皇后の審神者《さには》として知られる中臣《なかとみのい》烏賊津使主《かつおみ》に擬したもので、『新撰姓氏録』にも「津島直。天児屋根命十四世孫雷大臣命之後也」とある。しかしこの系譜は、卜部が中臣の配下に置かれた後の変化であって、この亀卜伝来説も後世の付会である。

亀卜が対馬に伝わった時期について、筆者はこれを弥生時代とする私説を持っていた。それは「対馬の亀卜」と題した小論で、上県町の志多留貝塚で出土した卜甲を根拠としたものだが、今回その弥生説は撤回する。この卜甲を出土した包含層が、縄文後期から中世までの遺物を混合した二次堆積であることは知っていたが、この甲の裏面に彫られた鑿《さく》（穴）の形式が、古代中国の周代のものに似ているとの指摘があったことや、津島亀卜伝記の要領が『史記』「亀策伝」の卜法と通じることなどから、これを弥生時代の卜甲とみて悪くないと思ったのであるが、出土した層位が乱れていたことは、前記の断定を撤回せざるをえない。新しい発掘を期待している。

また津島亀卜伝の説話を否定的にみる理由は、朝鮮諸国に亀卜に関する確かな史料がなく、考古資料も卜骨はあるが、卜甲は出土例がないからである。そこで中国に目を向けると、骨卜は新石器時代の竜山文化から出現して、商代（殷王朝）で盛んに行われ、殷墟の発掘で大量の卜骨が出土して有名だが、殷代後期には卜甲（亀甲）も出現し、周代以後これが主流となる。それでも東北地方（満州）や西北地方（西域）では依然骨卜が行われていた。

そこで日本列島への骨卜の伝播は、中国東北部より朝鮮半島を経て、弥生時代に渡来したものとみられるが、亀卜はおくれて中国中部より、海を渡って朝鮮半島中西部に入り、対馬・壱岐に渡来したものかと考えられるが、朝鮮半島にその資料がない現状では、中国から直接対馬に来た可能性もあると考えた。

朝鮮半島での卜骨は、満州に近い東北部と、南海に沿った慶尚南道、全羅南道に集中していて中部にはない。これについて渡辺誠は、中部にないのはそこが楽浪郡・帯方郡など漢帝国の郡県だったからで、そこには亀卜があったのではないかとみて、『魏志』「倭人伝」に、倭人の卜骨を「令亀の法の如し」と記しているのは、帯方郡に亀卜があったことを示していると解することができるであろう、と示唆されている。

それならば楽浪郡・帯方郡にあった亀卜の法が高句麗、百済に遺ったはずだが、これまでその史料も遺物も発見されない。筆者は先年韓国民俗学会に招待された際、亀卜の史・資料をお尋ねしたが、有効な答えは返ってこなかった。

以上のしだいで、対馬・壱岐卜部の成立を五世紀の間と推定したのは、〝倭の五王〟の時代に全国統一が進み、その遺使が中国の南朝に通交していること、朝鮮三国との関係もよかった時代で、このとき大王の王権儀礼を格調高く整えるため、対馬・壱岐の亀卜を伴う神事が必要だったのではないかと考えたもので、これは古代王権と亀卜の関係を重視したからである。

3・亀卜の源流

先年、中国古代の亀卜を尋ねた知見を要約すると、新石器時代後期の竜山文化期から、羊、鹿、猪などの卜骨が見られ、黄河流域に集中的に多いが、最初の王朝といわれる商（殷）代にはこれに加えて牛の骨が多くなり、殷の後期になって亀甲が見られるようになる。周代以降、中原では亀甲が主流となる。陝西省岐山の鳳雛で発掘された西周時代の大型建物跡から大量の甲骨文が出土しているが、周代には一概に卜占は衰微したといわれている。

卜占の亀甲には内側に方形の鑿《さく》があり、型式的に進んだ形になっている。こうして中原では亀卜が主流となってからも、東北や西北では骨卜が主で、亀卜はほとんど見られない。ことに朝鮮半島の基部にあたる東北では、羊・鹿・猪（豚）が多く、牛骨や亀甲は見られない。

中原における亀卜のことは、『殷墟卜辞』や『書経』『礼記』『史記・亀策伝』等によりその概要を知りえたが、なかでも亀卜の作法については「亀策伝」第六十八に、

日を択《えら》んで斎戒し、甲乙の日を最良とす。白い雉と、黒い羊を殺し、その血を亀に注ぎ、壇の中央に置く。刀を以て甲を剝ぎ、身を傷つけず、脯（乾肉）と酒を献り、その腹腸に満たす。荊の枝を焚いてこれを卜う。

とあり、また「庚辛の日に亀を殺し、常に月旦に亀を祓い清める」とも書いている。この作法が、『津島亀卜伝記』の要領と共通点があるのに驚いた。また『礼記』典礼上第一に、

卜と筮を共に用いることはしない。亀によるを卜と称し、筴によるを筮という。卜筮は、昔の聖者が民に日の吉凶を重んじ、鬼神を敬い、国の法令に従わせるために行わせたものである。

と卜占の本義を説いている。王もまた事を行うにあたっては、日の吉凶を卜わせ、神意に逆ら

中国の崇山と中岳廟

わないことをひたすら願ったもので、それゆえ亀卜は王命による国事行為であり、王権の神聖を誇示する大事な儀式であった。

そこで日本列島を統一した大王が、王権の神聖を誇示する儀礼を整えるにあたり、朝廷に神部と卜部を置いたのは、正しく東洋的王朝の故事に擬したものであり、神部は巫官として祈禱を行い、卜部は卜官として神意を伺う亀卜を行ったものと解される。

『周書』の「洛誥篇」には、成王が東都洛陽を建設するにあたり、その地を卜によって定めたことを記している。この王都の卜定について筆者が関心を持ったのは、中原の古都がいずれも同一緯度（北緯三四度半）の線上にあることで、この線を東に延長すれば、韓半島の西南部をかすめ、対馬を横断して、吉備を抜け、河内から南大和を通り、伊勢から太平洋に出るが、その先に伊豆諸島がある。倭国の王都を中央に置き、伊豆と対馬と、同緯度の線上に卜部がいた関係は、とても偶然とは思えない。そこで肇国の天皇が大和に遷り、橿原に都を定めた所伝を考察したが、これについては後述する。

4・卜部の郷

西海道の式内社百七社のうち、対馬に二十九社、壱岐に二十四社がある。このことは、〝辺要〟といわれた西海の二島と、ヤマト政権のただならぬ関係を示していると思われるのは、第一に国威と関係した祭祀が多いことで、高御魂をはじめ、対馬の日神、壱岐の月神、海神、卜神など、日本神道の中枢にある神々が鎮座していることである。

第二に〝直〟を姓とする古族を司祭とし、〝卜部〟が亀卜を以て国事の吉凶を卜なう神事が確立していたことで、例えば大江匡房の『対馬国貢銀記』に、

かの国の覬覦《きゆ》心なきは、八幡大菩薩の神威なり。

とあるように、常に外国に対する威厳が配慮されていた。卜部が行う卜事には、天下国家の吉凶、農作の豊凶、外国との関係などが神問されたはずで、その要領は伴信友の『正卜考』で知られているが、それは対馬の伝書を底本としたものである。

近世まで亀卜を世襲した対馬には、いくつもの伝書があるが、そのなかの「津島亀卜伝記」には、古くから卜部がいた里として、十の村を挙げ、卜部の後裔という社家十九氏を挙げている。この十村がいわゆる卜部の里で、これらの村にはいずれも式内社があるだけでなく、弥生時代から古墳時代にわたる遺跡があり、『和名抄』に郷邑としてその名が見える。重要な遺跡があるのは、地域（郷）の中心であったことを示している。

筆者の研究では、律令制の頃の対馬は、十郷あったと推定しているが、その主邑が卜部の里と一致する。そこで令制にいう対馬卜部十人は、各郷より出たのではないかと考えられる。

これらの郷邑に共通した伝統的たたずまいとして、古い祭祀と遺跡が多く、社《やしろ》の無い磐座《いわくら》がある。磐座には天然の巨岩、洞窟、霊石や、人工の配石、祭壇等があり、現在では祭りの廃れた所もあるが、貞享三（一六八六）年の『対州神社誌』には、細大漏らさず位置と祭祀名が記載されている。それらの神名（祭祀名）を分類すると、

(1)海神。和多都美、住吉、宗像、志賀島、志古島、敷島、胡祿、恵比須など。

(2)天神。高御魂、神御魂、天神多久頭魂、阿麻氐留、天諸羽、天道、オヒデリなど。
(3)雷神。雷命、イカヅチ、霹靂など。
(4)嶽神。御嶽、大嶽、白嶽、飛嶽、権現嶽など。
(5)国神。島大国魂神、島御子神、地主神、山房神、山形神、シゲノ神など。
(6)卜神。太祝詞《ふとのりと》、能利刀《のりと》、久志万治《くしまち》など。
(7)塞神。サエノカミ、道祖神。

と大神され、これらが村落の四方に鎮まっている。このなかに式内社も多く含まれ、各地に同名の祭祀があるが、なかでも天道、サエノカミ、エベスはどこの村にもあった。このなかで、卜神は卜部の祖神だが、このほか嶽神、雷神も卜部が関係した祭祀が多く、卜部が神主をした神社もある。

対馬卜部の末流は、明治四（一八七一）年まで亀卜を伝世してきた。それは藩の公式行事として行われたもので、この年廃藩置県となったことから、正式の作法はこれで廃れた。上県郡佐護と、下県郡豆酘で世襲したもので、毎年正月三日に行われ、五日に藩庁に報告された内容は、御公儀のこと、国中のこと、朝鮮関係のこと、御家中のこと、百姓農作のことなどである。これは神聖な行事とされ、厳重な管理の中で行われた。

5・亀卜が行われた環境

卜部の郷には、どこも天童と雷神の祭祀がある。「津島亀卜伝記」には、阿連を対馬における亀卜の発祥地としているが、阿連はオヒデリとイカヅチの郷である。阿連の雷命《いかづち》神社は式内社で、環境も亀卜の郷としてふさわしい。しかし卜事は早く廃れた。

佐護は天神多久頭魂神社（天道大菩薩）と、天諸羽《あめのもろは》神社と号する二つの式内社があるが、天諸羽を雷神とする理由は、位置が川渕の辺の聖林で、近世まで亀卜がこの杜《もり》で行われたことから、諸羽とは左右同形に開いた諸葉（ウラジロ）がこの杜で行われる卜事と関係したことが考えられる。なおモロハは諸刃の剣とも解され、それが雷神の象徴とみられることである。

豆酘は高御魂（式内名神大社）と多久頭神社、都都智神社と三つの式内社があるが、このうち都都智神社は中世に嶽之神となっている。亀卜が行われた「嶽之神」を明治初期に雷神社と改号したが、これが本来の都都智神社である。そのことは『対馬国神社大帳』の豆酘村で、

雷神社。神躰石、祭神雷命。今之を嶽神と謂ふは非なり。旧号都都雷(智)神社。神祠無。神事正月三日、天下国家の年卜有。

と記している。ツツチが雷神であることは前述したが、当時はこれが嶽之神となっていた。それを雷神社としたのだが、都都智の旧号は忘れられたのである。この地も水辺の杜で、盤座の前で

天諸羽神社の杜

亀卜が行われた。

このほか、古くは十郷で亀卜が行われたらしいが、それには共通した条件を具えていたと推定される。その典型が佐護と豆酘だということは、佐護は上県の郡衙《ぐんが》、豆酘は下県の郡衙とみられ、その他は郷の主邑であった。その多くが廃れた中で、佐護と豆酘が明治四年の廃藩まで続いたのは、これが藩命による特別の神事とされていたからである。

ちなみに壱岐の亀卜が早く廃れたのは、中世後期から他国の領主に支配されたからだと思う。

6.正月三日の年卜

対馬では明治四（一八七一）年まで、毎年正月三日に、「天家国家之年卜」と称する神事があった。行われた場所は上県郡佐護の天諸羽《あめのもろは》神社と、下県郡豆酘の雷《いかづち》神社で、文字通り天下国家の吉凶を卜する神事（亀卜）であった。卜事の内容は、御公儀のこと、国中のこと、朝鮮関係のこと、御家中のこと、百姓・農作のことなどで、その報告が藩庁の「毎日記」に、毎年正月六日の条に記載されている。

明治四年で終ったのは、これが藩の行事であったから、廃藩と同時に止んだのである。明治初期の長崎県対馬島庁の資料のなかに、「式内外古社祭典旧儀調」があり、そのなかの佐護村天諸羽神社の調書に、宮司寺山宮次郎が述べた亀卜に関する供述書がある。その冒頭に、

毎年正月三日、神前ニ於テ亀卜ノ術ヲ施行シ、旧藩主宗氏ノ御身上、公儀向キ朝鮮貿易ノ吉凶、藩士ノ動静、国中諸作物ノ豊凶ヲト《ボク》シ、其結果ヲ記載シテ藩庁ニ呈シ来リシカ、廃藩置

県ノ際ニ至リ此ノ旧儀ヲ廃止セリ（後略）

と記している。農作の豊凶より、貿易の吉凶を先にしているところに対馬の特殊事情がある。これを『殷墟卜辞』で知られる古代中国の例、天候の良・不良、穀物の作・不作、狩の成功・不成功、外敵の侵入の有無、出兵の吉凶、戦争の勝敗などと比較して、基本的には相通じていると言えるだろう。

豆酘の旧慣では、この神事にホーヘシ（奉幣使）と呼ばれる役職がいた。天神の杜より奉持してきた御幣をホーヘシが受け、これを雷神の斎庭に立てた。その前にジューシ（観音堂の住持）、ニイドン（二位殿）、サンメ（三位）以下供僧が居並び、卜部の岩佐氏が亀卜を行った。この住持以下各供僧《くぞう》たちはそれぞれ一祠の祭司職である。奉幣使を世襲した阿比留氏は、本来在庁官人の系譜とみられ、それほど古い旧慣だったのである。

『対州神社誌』には、「天道御祭以前有之候節之旧例之事」としたなかに、

其焼占仕日ヨリ前三日後三日、以上七日、府ヨリ酘豆間往還無之、内院村ト酘豆之間モ同前也。右之占、府内へ差上、御案内申上候得ハ、夫ヨリ往来仕候。

とあり、焼占（亀卜）の当日と前三日、後三日間、府中（現在厳原）と豆酘間の往還が閉鎖されたのは、神聖な斎場へ邪神や魔性の悪霊が入場しないようにしたもので、なお斎場の周りに一〇八本の矢を立てたのは、これにより邪魔を祓うわけで、これが本来の矢来《やらい》であろう。

またこの七日の間は、殿様も精進して、四足（獣類）、二足（鳥類）、鯨、江豚、亀、魚などを殺すことを忌むとあり、それほど厳粛な行事だったのである。

四、対馬神道の文化史的意義

1. 対馬神道と天道菩薩

対馬神道とは、天道菩薩という対馬固有の土俗信仰と、それに伴う対馬流の神務を総称したもので、信仰の核となる二つの古い要素がある。その第一は天道童子・天道法師と称する擬人格の菩薩を崇拝したものだが、もう一つは穀物の霊をテンドウと称して崇拝したことで、前節で詳しく述べた。

この日光感精神話の典型として、高句麗の始祖朱蒙（東明王）の神話がある。有名な「好太王碑」銘文の冒頭に刻された王朝神話のなかにもある。

それは、夫余の王位を嗣いだ金蛙が、大伯山の南の水辺で、柳花という女を得たが、その言の異常なことを怪しみ、一室に閉じ込めていたところ、窓から差し込んだ日の光に射られて懐妊し、〝大卵〟を出産した。

その卵殻を破って生れた男児が朱蒙となる説話で、これには日光感精神話と卵生神話の要素が見事に複合している。この卵生要素は中国でも南方系神話の系譜だが、これが北方系といわれる日光感精神話と複合したところに、朱蒙神話の文化史的意義がある。『古事記』が伝える新羅王子という天日矛も、沼の辺で昼寝《おとり》をしていた賤女が、日光に射されて懐妊し、〝赤玉〟を出生したというもので、この赤玉は言うまでもなく卵生を示唆している。

そこで対馬の天童の母（女房神）の神像が腹部に赤い日輪を懐いているのも、これを赤玉と見ることも可能である。女房神の祀が水辺にあるのも共通している。なお対馬の天童伝説には異伝があり、それには不義の子を娠《はら》んだ高貴の女院が〝空船《うつろぶね》〟に乗せて流され、それが対馬の内院浦に漂着して、ここで天童を出産したという。これは内院の地名説話のようでもあるが、この地が天童の生誕地であることは前章で述べた通りである。

この天童の母が「ウツロ船」に乗って漂着したという説話には、典型として、大隅国正八幡宮の縁起がある。それは一三三五年に筆録された『惟賢比丘筆記』の「大隅八幡宮本縁事」に、

震旦国の陳大王の娘、七歳にして御懐妊。父王怖畏して、汝等未幼少也。誰人の子ぞ、と仰せければ、我夢に朝日の光胸を覆い、娠む所也と申給う。いよいよ驚きて、御誕生の皇子と共に、空船に乗せ、流れ着きたる所を領せよと、大海原に浮べ奉る。日本大隅の磯に着き給う。その太子を八幡と号し奉る。

というもので、これは日光感精神話と、空船漂着の昔話を複合した説話となっている。このウツロ船漂着説話は南方系文化だが、これに類似した説話が新羅にもあった。それは『三国史記』新羅本紀の敬順王末節に、

古、有帝室之女。不夫而孕。為人所疑、乃泛海抵辰韓生子、為海東始主、帝女為地仙、長在仙桃山、此其像也。

とあり、これは三国史記の撰者金富軾が、宋に朝貢した使に同行したとき、一堂に女仙像を祀ってあるのを見て、その縁起を記したものという。これに帝室の女とあるのは中国皇帝の皇女にほかならず、その点で大隅正八幡宮の縁起と共通している。ただしこの辰韓に流れた帝女には、日光に感精したという伝えがない。しかし「不夫而孕」という表現がそれを暗示していると解される。

この対馬の前記異伝はさらに崩れて、不義の子を娠んだ女院となるのだが、これは内院という地名に付会して、後世変化した説話である。内院の伝承は、照日の女が、日光に感精して天童を産む話が本伝で、照日の女とは日神に侍える神女（神妻）にほかならず、佐護の天道女躰宮（女房神）の女神像は正しくその姿を形象している。金富軾が見た辰韓の女仙像も同様の形容ではなかったかと想像される。

こうして高句麗の始王朱蒙も、新羅王子という天日矛も、辰韓のどこかの神仙も、対馬の天道童子も、大隅の八幡も、「夫なき神女（あるいは童女）」が、日光に射されて感精したことで共通し、それに〝空船《うつろぶね》漂着〟の説話が複合したのは、これにより〝神の渡来〟を説いているのである。

この神女（神妻、オオヒルメ）が産んだ男子は日神の子で、すなわち日子となるわけだが、大隅の場合はこれが八幡神となっている。『記・紀』が語る〝天孫降臨〟は、高天原より降った日子たちの裔が皇祖・皇宗となる本義を説いたものだが、それは天帝の子（天子）が天下を統治して皇帝となる古代中国の例を範としたもので、この理念は朝鮮諸国も同じである。そこで対馬の天童伝説の、本来の意義について考えてみたいことがある。

『魏志』「倭人伝」に、倭人の国として最初に見える対馬国は、その大官を〝卑狗〟というと記している。卑狗の漢音はヒコで、その名義は日子（彦）と解する説が通っている。これを日子だとすれば、対馬国の王者ということになる。そして『先代旧事本紀』の「天神本紀」に、「天日神。対馬県直等之祖」とした史料からして、対馬の古族県直らが、日子の裔である可能性が高いことは前にも述べた（第一節の3「対馬国大官卑狗」参照）。

平安朝後期から信仰された天童が、実は古代の日子と二重写しに見えることがあり、そこに所伝の焼き直しが推察される。すなわち天童縁起のなかの古典的要素、特に日光感精説話は、実は原対馬国の日子の神話に発したもので、それは日子の王権神話であった可能性が高い。後に天道地と称する聖地はどこも本来日神の祭祀であった。その二大中心地が上県の佐護と、下県の豆酘であったが、それは上県直が佐護にいて、下県直が豆酘にいたからだと考えられ、これには民俗学・考古学からも大きな矛盾はない。

なお島内の主要な天道地が、弥生時代から中世まで、重要な遺跡を遺した古邑であることも確かである。

2. 產霊の神事と年神の本義

対馬神道の第二の核である穀霊も、豆酘に最も整った例がある。それは稲の原生種といわれる赤米を伝承し、古い仕来りに従ってこれを栽培、収穫した新穀の種を鎮呪（まじない）して、神霊をつくる神事については前述した（第三章の2「神をつくる古俗」参照）。

神霊をつくるこの神事が、産霊《むすび》の呪術であることは、当地に高御魂《たかみむすび》神が鎮座していることを思えばそのゆえんがわかる。神仏習合時代は「仏様つくり」と言ったものだが、それはテンドウが菩薩《ぼさつ》だったからである。これを菩薩としたのは中世の変化で、本来〝年の神〟だったと思うのは、年の暮にこの赤米で〝餅〟をこしらえ、これをテンドウと称して年神の棚に奉安する神事があるからだ。

餅は穀霊の象徴で、年の神として祭られたのである。〝年〟という字は和訓でミノルと訓み、稔と同義で、五穀が熟成することをいう。一年とは、主作物が熟成する周期。だから年神の本体は米の餅に限るものではないが、稲作を主とする地域では米の餅が神棚の主座となる。餅は年神の神体なのである。

対馬では米の餅と別に、小麦餅及び団子を神（テンドウ）として祭る夏祭りがあった。旧暦六月初午の日で、大麦・小麦・豌豆《えんどう》など夏作物の穀霊を崇拝の対象としたもので、今では一部の村でしか見られないが、以前は米餅を主とする冬の神事と、小麦団子を主とする夏の神事が季節によって決っていた。

年神といえば正月の神と思うのは後世の慣行によるもので、年神の祭りは本来国（地域）の主作物によって時期が異なる。一年という年月は穀物の稔る周期で決まるもので、天文暦の一歳とは別である。稲を主作とする民族では、旧暦の十月から十一月の間に収穫祭が行われる。中国貴州省の苗族の世界ではこれを〝苗年〟と称し、固有の生産暦を持っていた。現在では漢族の風俗に倣い、春節という正月もしているが、これをしない村もある。

この苗年を知って驚いたことは、対馬の霜月朔日（十一月一日）の〝御入座《おいりませ》〟との一致であった。御入座とはその名の如く神を迎える神事で、その秋に収穫したすべての作物を材料として御馳走をつくり、神座（祭壇）に供え〝神人共食〟の振舞（もてなし）があった。その御馳走の中心は米餅で、それに粟餅、ソバ餅もあり、その餡《あん》は小豆《あずき》のものと胡麻《ごま》のものがあり、それに供物として生の野菜類すべてを網羅していた。

また『対州神社誌』には豆酘の旧慣として、

十月乙卯日ヨリ十一月初酉日、焼占仕ル。其焼占仕日リ前三日　後三日　以上七日間　府中内ヨリ豆酘之往還無之……

とあるが、この焼占とは、亀の甲を灼《や》いて卜占を行う亀卜のことで、これは常例として年頭に行われた儀式である。府内より豆酘間の往還を七日間閉鎖して、厳重な管理のもとに行われた年卜が、十月末から十一月初に行われたのは、この季節が一年の初めであったことを示している。

そこで「御入座」とは、新しい年神を迎える行事で、苗族の文化で見る苗年に当り、霜月朔日をもって年の始めとする祝祭だと知った。前述した年頭の亀卜が明治四（一八七一）年の廃藩まで、正月三日に公式行事として行われたが、それが旧慣では霜月始めに行われたということは、霜月をもって新年とした時代があったことを教えてくれる。

陰暦十月を神無月《かんなづき》というのは、神々が出雲《いづも》に出向いて留守《るす》になるからだというが、対馬ではオヒデリさんとテンドウさんは出雲に行かれない。十月は秋作物の収穫期で、新しい神霊が誕生するときである。私見では、神無月は旧い神霊が隠《かく》れる（死ぬ）ことで、やがて新霊が誕生する。お入座は新霊の誕生すなわち新年の祝賀と解し、神々が出雲から返るのは新穀を活力として再生することだと説いてきた（前著『海神と天神』）。

3・大和政権と三国卜部

卜部《うらべ》とは国事の吉凶を卜する神祇官の専門職として、「職員令」神祇官の「卜部」に、

卜部二十人。使部三十人。直丁二人。

とある。その二十人の内訳は、対馬から十人・壱岐から五人、伊豆から五人、卜術優長者を採用したもので、これは『延喜式』臨時祭にも、

凡そ宮主《ミヤシュ》は、卜部《ウラヘ》の事に堪える者を取りて之に任じ、其の卜部は三国の卜術優長者を取る。伊豆五人、壱岐五人、対馬十人。

とあることから、これを三国卜部と呼んでいる。なお三国より上京して、都に住み着いた者を京卜部というが、有名な卜部兼好が出た吉田家（吉田兼好ともいう）は、この京卜部の流れである。この京卜部を合わせて四国卜部ともいうが、これには別の意見がある。それは『新撰亀相記』に、

対馬島卜部十人三氏。上県郡五人、直、卜部。下県郡五人、直、卜部・夜良直

とあるが、この上・下二郡の直を〝国造〟と称し、上県国造、下県国造と呼んでいる。壱岐・伊豆も直を国造と称したが、対馬は上・下に国造がいるので対馬両国とも呼んでいる。卜部の

人数からしても、対馬には二国分いるわけだから、四国卜部とは対馬両国と壱岐、伊豆を合わせるのが本義だと思う。

対馬は本来上《かみ》・下《しも》の県《あがた》があり、両方に県主《あがたぬし》がいたわけだが、その県主の姓《かばね》が直《あたい》であった。大化改新後、中央より国司が派遣され、天智朝から対馬国司が見える（『日本書紀』）。このとき上県・下県の直らは郡領となり、直《あたい》を氏の姓《せい》として、祭祀と行政の両権を持っていた。これを上・下の国造とも称し、卜部も郡司で、直氏の下にいた。

壱岐卜部も伊豆卜部も同様に直氏と卜部氏がある。この三国卜部の関係について滝川政次郎は、卜部の本流は対馬で、壱岐卜部は対馬卜部の分かれで、伊豆卜部はいつの頃か、対馬から移された者がいたのではないか、といわれたが、それを示す史料はない。なお卜部または占部とした氏が武蔵・上総・下総・常陸・陸奥・因幡・筑前の諸国にあり、東国では占部、西国では卜部が多いこともわかっている。

そして東国の卜部は鹿の肩骨で占う、鹿卜《かぼく》を本業としたのに対し、西国の卜部は亀の甲で卜う亀卜《きぼく》の術を行った、と考察した説もある。鹿卜のことは古典神話の天石窟《あまのいわや》の神事にも見え、『魏志』「倭人伝」にも、倭人の風俗として「骨を灼いて、以て吉凶を占う」と記している。これは伊都国まで行った魏の使が、対馬・壱岐を通る間に見聞きした記録であろう。

古典神話の神代における天石窟《あまのいわや》の変で、八百万神《やほよろづのかみ》たちが集って、禱《いの》りを行った情景が詳しく描かれている。これは古代の祭事を知る手掛りとして貴重な資料だが、このなかで、天児屋命《あめのこやね》と太玉《ふとだま》命に、天香山《あまのかぐやま》の真雄鹿《まおじか》の肩を内抜きに抜きて、天波波迦《あめのはわか》を取りて、占合《うらあ》はしめた。

と『古事記』に見え、これは鹿卜を行ったことを示している。雄鹿の肩甲骨を取って、内側に浅く穴を開け、そこに波波迦と呼ばれた神木の火を通して灼《や》き、その火熱によって表面に亀裂が生じる。この亀裂を卜兆として読むわけで、これが卜部の秘術として伝えられたものである。

この『古事記』の所伝に鹿卜だけあって亀卜がないのは、この所伝が語られた当時、まだ亀卜がなかったからとみられている。考古学の資料でも、弥生時代に卜甲があったかといえば、疑問の付く資料はあるが、確実に認知された出土例はない。今のところ卜甲の出土は古墳時代後期のもので、その一例が壱岐にあるが、これをもって亀卜の起りということではない。

鎌倉時代の『釈日本紀』に引用されている『亀兆伝』という卜部の伝書に、白い雄鹿の肩骨を抜き出して卜占した故事に始まり、後に亀甲へ変ったことを伝えているが、その鹿卜から亀卜へ転じた時期は明らかでない。

4・卜部の任務

宮廷に卜部が置かれた時期については『日本書紀』にその記載がない。卜・占を行ったことは、神代の大八洲生成以来しばしば見え、敏達紀には「卜者をして占はせた」とあることから、その卜者が卜部の者であることは自明だが、卜部と明記した史料はない。卜占に関する記事を挙げると、

大八洲生成の段。「天神以二太占一而卜合」

天孫降臨の段。「太占之卜事」
神武朝。軍事に関する占一件。
崇神朝。災害に関する卜一件と、諸神の祭祀に関する卜二件。外に夢占一件。
垂仁朝。祭祀に関する卜二件。
景行朝。祭祀に関する卜一件。軍事に関する卜一件。
神功朝。軍事（外征）に関する卜一件。
履中朝。天皇の狩猟に関係した卜二件。
允恭朝。天皇の狩の不獲に関する卜一件。
継体朝。天位に即く良日の占一件。
欽明朝。佐渡に来た粛慎人に関する占一件。卜書に関することが一件。
敏達朝。卜書のこと一件。卜者をして占はせたこと二件。
斉明朝。謀反に関する卜一件。
天智朝。軍事（外征）に関する占一件。
天武朝。軍事に関する式占一件。祭祀に関する卜二件。天皇の御病に関する卜一件。

以上の諸例のなかに、遷都に関する卜占が一件もないのが不思議だが、継体の即位の吉日を、占によって択んだことには意義がある。

允恭朝と継体朝の間に隔りがあることから、前期（允恭朝以前）と後期（継体朝以後）に分けることも考えられ、この間に変化があったとすれば、前期は在来の鹿卜が行われ、後期になって亀

ト に転じたと見ることも不可ではない。また卜と占の混用について、占は東国占部《うらべ》の鹿卜で、卜は西国卜部の亀卜と分けた説（平野博之）もあったが、『日本書紀』の用例は古くから卜があり、後期まで占があって通用しないことも分かった。

東国で最も式内社が多いのは伊豆国だが、その伊豆式内社筆頭の「伊豆三島神社」か現在三島市に鎮座している。本来は「御島神」として三宅島にあったのが、平安中期以後に現在地に勧請されたものという（『式内社調査報告』伊豆国）。

その三宅島から神津島、新島の辺がおよそ北緯三四度半、この諸島が伊豆卜部の本拠だったのである。この東海の伊豆諸島と、西海の島に卜部を置いたことについて、西郷信綱は「大祓の詞」などから推して、日本の東と西の〝潮境〟にあるこれらの島の海域に、「千位《ち》の置戸《くら》を負せ、神やらい」した故事との関係から、対馬・壱岐・伊豆の三ヵ国から海人を卜部として召喚したものといわれるが、卜部の任務が変わったのだろうか。

これについては、律令制以降、卜部の卜占より、陰陽寮の陰陽師が行う筮占の方が一般に評価される風があったことから、卜部の本来の職能が見えなくなり、辺海の海人とした観点が立てられたのではないかと思う。

五、神道哲学形成に貢献

1・天津神と国津神

日本の古典神話には、天から降った天津神と、地に土着した国津神があり、これには天津神を支配者とし、国津神を被支配者とする理念がある。まず天津神について『古事記』はその冒頭に、天地の初発《はじめ》の時、高天原に成りませる神の名は天之御中主神《あめのみなかぬしの》、次に高御産巣日神《たかみむすひの》、次に神御産巣日神……

とあり、これに対して『日本書紀』の冒頭には、

古。天地未剖。陰陽不分。渾沌如雞子。（中略）故天先成而地後定。然後神聖生其中焉。故日。開闢之初。洲壤浮漂。譬猶游魚之浮水上也。于時天地之中生一物。状如葦牙。便化為神。号国常立尊。次豊狭槌尊。次豊斟淳尊。凡三神矣。……

から始まり、天地開闢の哲学を説いている（神名に尊と書くのは至って貴い神で、並の神名には命と書く）。記と紀で神名は異なるが、この三柱の神を〝造化の三神〟という。このなかで天之御《あめのみ》中主《なかぬし》及び国常立《くにとこたす》はその名からして、高天原の至高神及び国の主神とされたものだが、この神たちは名ばかりで活動した実像がなく、これは後世哲学的につくられた神名とされている。

これについては明治時代の神話学者高木敏雄が、日本神話の天地開闢説は、中国哲学の影響によるもので、それは「大陸民の神話に見ゆる宇宙論の模倣にして、『淮南子』の説くところと、文章においても一致している」と指摘し、日本固有の思想ではないことを説いている。そして日本神話の天地開闢説は、バラモン神話などの哲学的宇宙論ではなく、南洋神話の啓発説に似ているという（高木敏雄「日本神話の天地開闢」）。

さらに高木は日本神話の神々を分類して、造化神、英雄神、祭祀神と分けている。造化神とは天地の万物をつくる造物主のことで、中国神話では天帝（上帝）、日本神話では産霊神（産巣日神）がそれである。英雄神とは人文的に活動し、行為し、貴族らの祖先となった神であり、祭祀神とは自然神（海・山・川・風・雷など）で、人間の幸福と禍難を司る神と説明している。

また出雲神話の素戔嗚尊《すさのお》は単なる英雄神ではなく、これに造化神の資格があるとして、出雲神話の大国主は、大地主神とみるのが最も論理に合っていると説き、結論として、

出雲族は、天孫族より早く開化して、日本のある地方に強大な国家と組織、ある程度まで発達した神話を持っていた。後に天孫族がきて、出雲を征服はしたけれども、全く滅すことはできず、妥協によってその主権を収めたらしい。そこで元来出雲神話の造化神で、統括者の祖先神でもあった素戔嗚尊は、妥協合併の結果として、天孫族の一英雄神とされ、しかも天照大神と同等の資格をもって、姉弟とされたのである。

と説き、「出雲国譲りということは、恐らく史的事実であろう」という。これに天孫族とあるのは高天原から降臨してきた天津神を祖神とする部族で、この国の主権者となったものを指す。

これに対して、天孫降臨以前からこの国土にあって、地方の主となっていた神々が国津神である。出雲の大国主命《おおくにぬしのみこと》はその最たるものとして有名だが、本来各地方に国魂《くにたま》神あるいは地主神があったもので、対馬には「島大国魂神社」（式内社）があり、大和には「大倭《やまと》国魂神社」がある。

文化人類学者大林太良は、日本神話の構造を次のように分類している。

- 神
  - 人間神
    - 天津神（政治・祭祀・軍事・征服者）
    - 国津神（生産者・土地神・被征服者）
  - 自然神 ― 荒ぶる神（山・河・海）

このような日本神話の構造は、印欧語族の神話と構造が似ているという。しかも神界の構造だけでなく、いろいろなエピソードにおいても大きな類似があるとして、

> この類似はおそらく偶然ではなく、何か歴史的関係があるのであろう。つまり西方のインド・ヨーロッパ語族の神話が、内陸アジアのアルタイ系遊牧民を媒介として、東アジア、日本に及んだものであろう。

という。これは歴史時代になって、支配階級は天ツ神を祭り、被支配階級は国ツ神を祭ったことを示している。対馬には島大国魂という名神があるのは、対馬の国魂神を祭ったもので、郷村には地主神がある。それに著名な海神が和多都美、住吉ほか様々あるが、なかには自然神か人間

神か、戸惑うものがある。

これらの国津神に対して、高御魂、天神多久頭魂、天日神、天諸羽、太祝詞、雷命など天津神の名神（官社）が各地に鎮座している。そして天神と海神の神婚説話、日神と雷神の神婚を示す祭礼、及び日神の感精神話とその神像もあるのだが、天津神と国津神が闘争した形跡は特にないようだ。

対馬の弥生遺跡から、触角式細形銅剣という遊牧騎馬民族の短剣ほか、アジア北方系文化の青銅器が、島内数ヶ所の遺跡から出土し、対馬は青銅器王国といわれるのだが、あるいはこの青銅器文化の流れが、天神の祭祀と関係があったのではないかと、大林のいう歴史的関係について述べてみたいことがある。

対馬の弥生遺跡に見られる大陸系文物は、韓土の南辺から渡来したものだけでなく、楽浪郡から舶載されたものが多いのだが、そこでの韓人や漢人との接触を通して、物質文明だけでなく、精神的な文化に驚きと憧憬を懐いたはずで、そのとき〝天〟（テングリ）の思想も受け容れたのではないだろうか。なお対馬国、一支国の日子（卑狗）たちは、いわゆる渡来人だったのかもしれない、と説いたことがある。

2.アマテル神とアマテラス神

対馬のアマテル（阿麻氐留）神は、実名を天日神（アメノヒノミタマ）という太陽霊を神格化したもので、本来は自然神だったはずだが、仏教と習合してから照日権現となり、大日如来の化神

のように観念されていたらしい。神道復古により本名にもどったが、その時の由緒には、これを対馬県主の祖としたうえで、

高御魂尊の孫裔にして、皇孫降臨の時の供奉神なり。

と高らかにいう。ムスビの神の霊力により、日神が誕生した対馬の神事や、『日本書紀』顕宗紀に見える日神の託宣に、「我が祖高皇産霊」とした所伝は前述した通りで、対馬の日神を高御魂の孫裔という由緒に異論を挟むことはない。問題はその後の「皇孫降臨の供奉神なり」としたくだりで、この部分は後世の付会である。

これは伊勢の日神が皇祖神に昇格し、天孫降臨の神話ができた後、これに従ってつくられた由緒である。対馬のアマテルと伊勢のアマテラスはよく似た神名だが、その神格は同じではない。アマテルは本来自然神だが、アマテラスとかアマテラシマスという神名は、天武・持統天皇の頃、皇祖神としてつくられた人間神だからである。その名を天照坐皇大神という至高の神名を奉られ、祭祀の社《やしろ》は「大神之宮」で、伊勢の大神宮という。

この天照大神の原像は、大日靈と称する神女《みこ》であったこと、その大日靈は日神の神妻であり、母神でもあることを語る由緒が対馬及び大隈八幡宮にあり、その神話的源流が朝鮮半島から大陸にあることは前述した。また天日神と同類の天照御魂が畿内にもあるのに、それらを越えて伊勢の日神が皇家と特別の関係を生じ、天武帝の皇女が斎宮《いつきのみや》（神妻）となった事情は、筑紫申真の『アマテラスの誕生』でよくわかる。

大和の三輪山の麓、桜井市に、式内名神大社「他田坐《ヲサタニマス》天照御魂神社」と、磯城《しき》郡田原本町に

「鏡作坐天照御魂神社」がある。本来、皇家の氏の神もこの磯城にあったのを、持統天皇の時（七世紀末）、伊勢の渡会郡に移転させたもので、このとき皇大神宮と号し、祭神が天照大神になったのだという。それまで伊勢の日神は単なる地方神に過ぎなかったことになる。

皇家が三輪山麓のアマテルの社で、〃日祀り〃した由来について『日本書紀』は、崇神朝六年条に、

天照大神を以ては、豊鍬入姫を託《つ》けまつりて、倭《やまと》の笠縫《かさぬいの》邑《むら》に祭りたまう。仍りて磯城《しき》神籬《ひもろき》を立つ。また日本《やまと》大国魂神を以ては、渟名城入姫に託けて祭らしむ。

と記している。崇神朝に天照大神の神名や、日本という国号はまだないのだが、これらは書紀編纂時の修辞として、倭《やまと》王朝の発祥の時、日神と国魂神を祭った所伝として意味がある。伊勢大神宮の由緒では、垂仁朝に、倭姫命が、倭の笠縫邑から伊勢に遷されたという創祀伝承から説きおこしている。

現在、多田坐天照御魂神社の祭神は「天照大神」としているが、古くは「天日神」、または「天火明命」として、志貴《しき》連の祖とされている。志貴連は饒速日《にぎはやひ》命の裔というが、饒速日は神武東征以前に、高天原からこの地に降っていた天津神として知られている。その祖神を天火明命というのだが、鏡作坐天照御魂神社の祭神も天火明命となっている。

大和の霊山、三輪山の麓に〃磯城神籬〃があって、「日祀《ひまつり》」をした所が、皇祖神の本来の祭祀であるが、その祭神名はアマテラスではなく、天日神—天照御魂と考察される。

この地にはまた、天照魂に対する国魂神の祭祀もあって、「大倭坐国魂神社」も鎮座している。

それに卑弥呼の墓とする説もある大きな〝箸墓古墳〟をはじめ、近年の発掘調査で有名な黒塚古墳、ホケノ山古墳を含む大倭《やまと》古墳群があり、この辺がヤマト政権発祥の地とみられている。

この三輪山麓に、アマテラス大神になる以前のアマテルミタマが祀られていたのである。これを祀ったのは日神を祖とする天皇家で、伊勢に皇大神宮ができるまで、王朝祭祀の中心地であった。『日本書紀』の敏達天皇六（五七七）年二月、「詔して日祀《ひまつりべ》部を置く」とあるのは、〝日祀り〟を行うことで、天照大神を祀るのではない。この祀られる日神はアマテルミタマで、対馬直が祖とするアメノヒノミタマ（社号アマテル）と名もよく似ているが、同じようなカミである。

また三輪山の別名とミモロ（三諸）というが、ミモロとはカミが鎮まる霊地のことで、磯城《しき》の神籬《ひもろき》にも通じるヒモロ（日の杜《もり》）かと思う。それは対馬でも当国第一の霊山を御嶽《みたけ》というが、これを島大国魂の鎮まる所とした江戸時代の学者（陶山訥庵）の説がある。この御嶽の東麓にメボロという地名があり、迷暮路と考えた当字をしているが、私見ではこれをミモロの転化と解し、御嶽の本名と説いてきた。原生林の杜が天然の神籬で、頂上に磐座《いわくら》があるのも三輪山と通じるものがある。

3. 皇大神宮と津島朝臣

皇大神宮関係史料の「二所太神宮例文」中、歴代の宮司を記載した「大宮司次第」がある。

第一　中臣。香積連須気

孝徳天皇御代任、在位四十年。河内国錦織郡人也。

第二　大朽連馬養
　持統天皇御代任、在位十七年或十五年。
第三　村山連糠麿
　大宝二年正月任、在位十六年。
第四　大家朝臣豊穂
　霊亀二年十二月廿六日任、在位四年。
第五　津嶋朝臣大庭
　養老四年十二月七日任、在位六年。
第六　高良比連千上
　神亀三年三月一日任。在位五年。
第七　村山連豊家
　天平二年八月廿四日任、在位六年。
第八　中臣朝臣家主
　天平八年八月十日任、在位四年。
第九　摺宣朝臣毛人
　天平十二年四月十一日任、在位六年。
第十　津嶋朝臣家虫
　天平十八年二月十一日任、在位二年。

第十一　津嶋朝臣子松
天平廿年五月九日任、在位九年。
第十二　菅原朝臣忍人
天平宝字元年六月十日任、在位三年。
（中略）
第十八　中臣朝臣広成。宮司馬養一男。
宝亀五年二月廿一日任、在位六年。
（後略）

以上、奈良時代末までの宮司を示したが、第一代宮司中臣氏は、孝徳朝から持統朝初期まで在位したことになる。これを在位年数から算定すると、大化改新後の六四七年から、持統天皇二（六八七）年までとなるが、この時はまだ皇大神宮が成立する前段の時期で、これは大和にあった皇祖神の祀に、中臣氏の香積連が侍えていたのであろう。

第二代の大杤連馬養も中臣氏であったことは、十八代中臣朝臣広成を、宮司馬養の一男と付記している。この馬養の任期中に、皇大神宮は成立した。持統天皇の代に進められ、文部天皇の二（六九八）年に大和から伊勢に移ったときが皇大神宮の始まりだという（筑紫申真「アマテラスの誕生」）。

さて第五代宮司津嶋朝臣大庭だが、これは対馬から畿内に出た津島直の後裔とみられている。それは「顕宗紀」の所伝に、高皇産霊神の祠に侍えたという対馬下県直の後裔で、大和岩雄がこれを指摘している。この津島直の一族から、三輪山麓に祀られた皇祖神の祠（プレ・皇大神宮）に侍えた者がいたのではないか、それが皇大神宮の祠官となり、大宮司まで昇ったのが津島朝臣大庭だと思う。そして十代家虫、十一代子松が続いて見えるのは大庭の子息であろう。なお家虫・子松の名は『続日本紀』に授位の記が見える。

なおこれとは別に、畿内にあるアマテル系日神祭祀に、対馬から上京した神人（神に仕える人・神職）がいた。対馬直が後に津島朝臣となるが、『新撰姓氏録』に摂津国神別として次の資料がある。

津島朝臣

大中臣朝臣同祖。津速魂命三
世孫天児屋命之後也。

と見える津島朝臣について、この一族も対馬から摂津に出た津島直の後裔とみられている。遣新羅使として『続日本紀』に見える津島連（朝臣とした史料もある）堅石《かたし》という人物は、この氏の人かと思う。この津島朝臣が摂津のどこにいたのか分からないが、次に挙げる河内国の史料

河内の対馬江

は具体性がある。

それは、河内国茨田郡《マムタ》に「津島部神社」と号する式内社が鎮座して、〃対馬江〃という地名がある。『神祇志料』に、「津島朝臣・津島直の族此の地に来りて住み、其の祖天児屋根命を祀れるならむ」という。対馬江とは古代における対馬からの船が出入した所かと思うのは、その地が淀川沿い（現在守口市）の河口にあるからで、そこに津島直の一族が住みついたらしい。その地の津島部神社（式内社）が、天児屋根命を祭神としているが、それは津島朝臣が祖神譜を改めた以後のことになる。

本来〃ヒノミタマ〃という太陽霊をアマテル神として祀った対馬の神人（津島直）が、中臣氏に協力して〃アマテラス大神〃という人格神を誕生させたのは、これを皇祖神とする天武・持統帝の御意であった。このときの神事を反映したのが、あの高天原の天岩窟の前で繰り広げた祈禱《いのり》と俳優《わざおぎ》の神話であろう。あの時司祭をつとめた天児屋命が中臣氏の祖神とされているのも、この神話がつくられた時期を示唆してくれる。

4.テンドウの赤米と斎庭の稲穂

天照大神の誕生に、対馬直の神人が貢献したと思うのは、対馬にはムスビ（産霊）の神が〃天日神〃をつくる神事があって、県直がそれに関与していたからである。すなわち下県の豆酘には高御魂《たかみむすび》と多久頭魂《たくづたま》があり、稲の原生種という赤米の種を鎮呪してテンドウをつくる。テンドウは日神と同義だが、その神体は赤米の種（穀霊）である。

また上県の佐護には大日孁《おおひるめ》と同義の女房神が日神を産む神事があったはずで、日神の名は天神多久頭多麻（魂）命という。女房神の本名は神御魂神である。

この高御魂と神御魂は宮中神祇官の斎院にも奉斎され、八神殿の主座が神産日神、次が高御産日神である。この産日神が造化神として神代史に登場し、高皇産日神は高天原の主神として活動する。そして天孫降臨を司令したのも高皇産日神であった。

この高皇産日は以前、対馬から大和へ上京した神である。この神名の当字が皇産日《みむすび》と変ったのは、皇祖となる日神を産んだことを意味している。この天照大神という新しい日神像を、皇祖神として誕生させたのはタカミムスビの霊力によるもので、それは対馬におけるムスビの神事を彷《ほう》彿《ふつ》させ、そこに対馬直の存在が浮んでくる。

また神代史の目玉である〝天孫降臨〟を指令したのも高皇産日神である。この降臨の前に、天照大神よりその児天忍穂耳尊に対し、宝鏡と斎庭《ゆにわ》の稲穂を授けるくだりがあるが、『古事記』が記すその児の名は、

太子《ひつぎのみこ》　正勝吾《まさかつあ》勝速日《かつはやび》　天忍穂《あめのおしほ》耳命《みみのみこと》

という長い名である。このなかの〝吾勝〟について、「ア・カツ」とは〝日神の子〟という意味だと説く川崎真治の説に驚いたが、これで太子（ヒツギノミコ）が日神の子だと分かると、次が天津日高日子《ひこ》番能《ほの》邇邇芸《ににぎ》能《の》命、天津日高日子《ひこ》穂穂出見《ほほでみ》命と続く日子たちの長い名が、天津日嗣の日子であることを殊更に表したものだと分かる。

次に斎庭の稲穂について、天津日嗣とセットで考えてみたいことがある。それは、

吾が高天原にきこしめす斎庭の稲穂を以て、また吾が児にまかせまつる。

というのだが、これは神聖な斎田で生育した稲穂をもって、吾が児に授け、子孫に伝えさせる意と解される。そこで連想するのは豆酘の赤米が、テンドウによってもたらされたと伝えられ、それを聖なる神田で耕作し、その稲魂（穀霊）をテンドウとして信仰しつづけてきた民俗文化、すなわち〝対馬神道〟のことである。

斎庭の稲穂をもって〝日嗣〟とした王権神話にも、このような旧い習俗と通じるものがあったのである。日子は宝鏡を授かることが日嗣の証しで、稲穂を身に著けることが日嗣の儀礼として継承された。践祚大嘗祭の儀は、新しく即位した天皇が、天照大神をはじめ天神地祇に、新穀を奉るだけでなく、天皇自身が、新穀の霊を身に著けることでもあった。それが日嗣の本義であったはずである。

対馬のテンドウは、原始アニミズム（精霊崇拝）から抜け出して、カミから菩薩《ぼさつ》＝神となった宗儀を示している。この穀霊テンドウと日神テンドウの一体となった信仰が、日本神道の本義でもあったと思うのは、テンドウの新穀を祭る行事が、新嘗祭と同義であること、対馬の日神信仰が、天照大神という人間神が誕生する以前の宗儀を伝えていたこと、それが古くは全国にもあったと思うからである。

5・高天原という天上の神界

日本神話が描く神々の世界は、〝高天原《たかまのはら》〟と、葦原中津国《あしはらのなかつくに》と、根国《ねのくに》があり、高天原は天津神が居る所、葦原中津国は国津神が生活する所、根の国は死霊が居着く他界と観念されていて、高天原は天上にある霊界、根の国は地下の霊界で、葦原中津国はその名のごとく葦の繁る地上の生活空間とされている。

このような三分観の世界を描いた日本神話の哲学は、本来どこから来たのかといえば、その源流が中国にあることは疑いない。一九七〇年代、湖南省長沙郊外の馬王堆《まおうたい》漢墓を見学したとき、この三分観の世界を描いた帛画《はくが》を見て驚いた。そこの漢墓は二一〇〇年前の婦人の遺体がほぼ完全な状態で安置され、豪華な副葬品がこれまた見事な状態で出土して、漢代の貴族の生活とその文化をしのぶ大発見と称されたものだが、それは驚きの連続であった。

この一号墓の遺体を入れた内棺にかけてあった絹布に、ある情景を描いた彩画があり、これがすなわち帛画である（帛は絹布）。図の上方には日月や人身蛇尾の像、三本足の烏、天の門などが描かれ、下方には怪魚、蛟竜などが描かれ、中央部には墓主を示す像と、宴の準備をしている情景を描いている。

これは現世を中にして、上方は天国、下方は地国を描いたものと説明された。ちなみに人身蛇尾の像や三本足の烏は太陽神を表すもので、これは江南の古族（苗族）の神話にあることが分かっている。

そこで、この三分観の世界図は、高天原、葦原中津国、根国と分ける日本神話の世界観と通じることがしだいに分かる。この苗族は稲作文化の元祖である。ここまで分かれば、稲作文化の伝播と伴って、海を渡ってきた日本神話の宇宙観が説明できる。

また天神神話のルーツは、中国西北の天山山脈のハンテングリではないかとの論に接し、八六年に天山まで行ったものだが、天山南路の現住民はイスラム教徒で、私が知りえたかぎり、古代の神話には全く無関心のように思われた。しかし上空から眺めた天山の銀嶺（氷河）は荘厳で、色々の想念を導かれた。

神が天空から降りるとなれば、あの黄漠たる地にではなく、まずあの銀嶺に降りるはず、と自ずから納得させられる。天山の最高峰ハンテングリ（海抜六九九五メートル）、ポベタ（七四三九メートル）の連峰を仰いだとき、その満足感は極まった。そしてアクスよりタクラマカン砂漠の上空を横断して、崑崙山脈の銀嶺を仰ぎホータンに着陸した。この西方の崑崙山が、東方の蓬萊山と並ぶ道教の憧憬《あこがれ》の霊山で、蓬萊山は幻だが、崑崙山は現実に命名されている。

〝天〟という観念が、日本神話では〝高天原〟となる。至高神天帝（上帝）が高皇産霊神となり、日神が天照大神となったとき、この漢語から倭語へ翻訳される過程において、中国思想から倭風に換骨奪胎され、神道哲学が成ったわけだが、その過程において、対馬が重要な使命を果したように思われる。

日本神話の体系として、天津神は高天原より降臨した神々の系譜で、国津神はこの国土に在来した神々の系譜である。天津神は支配者的で、国津神は被支配者的なのは、国津神の典型である大国主が、その国土を譲り渡すことで極めつきとなる。

対馬にも島之大国魂という名神があり、神社は式内社であるが、祭神を出雲の大国主に擬した説はいただけない。これは対馬の国魂神で、『古事記』の大八洲生成にいう津島の亦の名天之狭《あめのさ》手依比売《てよりひめ》だと思う。郷村に地主神があるように、地方の大地主を大国主というわけで、その神霊が国魂神のはずである。

〝國〟と書く漢字は地域を表わしたもので、〝クニ〟という倭語も地方を表わす。この國・地に対する〝天〟の世界を〝高天原〟とした哲学は、いつ、どこで考えられたのだろうか。

第五章

ヤマトの日子と対馬の卑狗

一、大官卑狗と副卑奴母離

1. 王者と卜官

フレイザーが『金枝篇』にいう。原初の王は呪術者で、最高の祭司であった例は東洋にも多い。中国最初の王朝といわれ商（殷）にはじまり、王は最高の聖職（神主）で、王朝の高官は巫師と、卜師と、軍師から成っていた。巫師は祭礼を行って神を迎え、祈禱を行うもので、卜師は卜占を行って神意を問うた。巫は『説文』に「巫祝也。女能事㆓無形㆒、以㆑舞降㆑神者也」とあるように、舞を以て神を降す女巫がいた。

そこで『魏志』「倭人伝」にいう対馬の大官ヒコ（日子）及びヒナモリ（火ノ守）を、古代中国の王と卜官の関係に擬し、神話の高天原における神事とも比べてみた。邪馬台国の女王ヒミコは、「鬼道に事《つか》え、能く衆を惑す」とある。これは周の武王が、「能事㆓鬼神㆒」とされたのと同じで、王自ら最高の巫師であったことを示している。

ヒミコは日ノミコで、日神の巫女《みこ》だったに違いない。しかし邪馬台国にはヒナモリがいないので、卜占を行ったかどうかはわからない。しかしヒミコが君臨する「倭国」（邪馬台国連合）では、属国である対馬・壱岐・奴・不弥の四国から、卜師を召喚したのではないかと考えるのは、中国の故例でも、地方の卜師を召喚して卜わせたし、本朝の三国卜部も、まさにその伝統かと思われるからである。

千年以上も隔たりのある中国の王朝と比較することには問題もあるが、中国の竜山文化期と、弥生時代が同じ段階の文化期で、大倭《やまと》の王朝が、殷王朝と同じ段階かと思うことがある。竜山期には部族ごとに首長がいて、戦争が頻発したらしい。また原始的信仰も発達し、祭祀用具と卜骨があり、首長は軍事と祭祀の最高の権威者であった。最初の王国といわれる〝夏〟王朝では、王位は世襲されている。次の商（殷）の時代、世襲の王制が確立し、社会は階級制度となり、王は聖俗両面にわたり最高の権力者として君臨した。〝帝〟（上帝）と呼ばれる天神を至高神として、河神と岳神がこれに次ぎ、その他の神々が祭られたもので、多くの祭器（青銅器）と、〝卜辞〟といわれる甲骨文の研究により、殷代の文化が解明されてきた。

王は最高の祭司として、支配下の国々から術の優れた卜師を召喚し、王の監督のもとに卜事を行わせ、それを記録したのが卜辞である。大倭王朝が卜部を置いたのはこれと似ているが、決定的に違うのは卜辞が遺っていないことだろう。

『周書』には、暴虐きわまりない殷の紂《ちゅう》王を伐つために挙兵した周の武王は、

惟れ天地は万物の父母にして、惟れ人は万物の霊なり。真に聡明なるもの元后《げんごう》となる。元后は民の父母となる。今、商王受、上天を敬せず、災を下民に降す。沈面《ちんめん》冒色、敢て暴虐を行ひ、……（中略）皇天震怒し、わが文考に命じ、粛《つつし》みて天威を将《おこな》はしむ。……（後略）

と称《とな》え、吾《われ》は文考（武王の父、文王）の霊より命を受けた、と大義名分を掲げて、参集した将

士に、汚れきった紂を伐ち、天下を清めることを誓っている。武王はこの軍事に際し、亀卜によって決断したはずだが、それを明示した文辞はない。

この武王が定めた「天下統治の大法」には、「稽疑。疑はしきは卜筮《ぼくぜい》によって考え、事を決する。公正無私の人を選んで、卜筮をつかさどらせ、亀卜と占筮を命じる」と、亀卜と並んで筮（筮竹を用いる占）を採用することを明記している。

2. 大倭《やまと》王権と対馬の古族

大倭の宮廷がはじめは鹿卜を用い、後に亀卜に転じ、さらに筮占（筮竹を用いる占）が亀卜と並んで行われるのが、長い時代の隔りを超越して、不思議にも中国の例と同じような経過を示すところが面白い。

大倭の王が全国を制覇し、統一国家の形を成したとき、その王は自身を〝日子〟と号し、日神を祖とする系譜をつくった。それは原始の天皇の名を、「神日本磐余《カムヤマトイハレ》彦」と号していることで、これは後世作られた名とはいえ、倭《やまと》（大和）の磐余《いわれ》の日子と称している。この磐余は地名で、前に引いた顕宗紀の所伝に、対馬から大和に高皇産霊の神霊を遷し、その祠に対馬下県直が侍《つか》えた所である。

これは対馬直らが奉じてきたタカミムスビの祭祀権を献上し、自らその祠官となったことを物語っている。全国を統一するということは、各地域（国）の土地・人民を服属させる政治権力だけでなく、各地の国魂神や名神の祭祀権をも服従させたもので、出雲の国譲りの葛藤もこのような視点から理解すべきだと思う。

前に引いた「国造本紀」には、橿原朝に最初の国造を任じた国として、大倭、葛城、凡河内、山城、伊勢、素賀、紀伊、宇佐、津島があがっている。これに畿内七国があるのは当然として、それに九州の宇佐と、対馬があるのは、宇佐と対馬が特に重視される理由があったからであろう。すなわち宇佐は九州経略の基地として、対馬は大陸へ渡る折衝地として、重要な位置にあっただけでなく、祭祀上の密接な関係があったからだと解される。祭祀上の関係とは、対馬の場合は王朝の祭司職対馬直（津島直）と、朝廷の卜官を出していることである。この卑狗の裔と別に、卑奴母離の裔とみられる対馬の卜人が、朝廷の卜部となって王朝の祭祀に貢献したわけだが、この卑奴母離を卜者と考察した根拠は、ヒナモリを「火の守」とした説（竹内理三）に触発されて、中国古代の卜事に明火（聖火）を用いたことを思い、この明火を管理する者を火の守と理解した。神聖な卜事は火の霊力によって行われたもので、その火を管理する火の守は、すなわち卜官と認識したしだいである。橿原朝を史実としてその記事を信用するわけにはいかないが、国造の最初の配置に、宇佐と対馬がある意義は無視できないものがある。ただし対馬は国造ではなく、県主の対馬直となっている。

対馬から大和に遷った高御魂が宮中にも奉祀されて高御産巣日となり、『日本書紀』が高皇産霊と書くのは皇祖という意味がある。また天皇の祖神とされる天照大神と高皇産霊の関係が、対馬の日神（阿麻氐留）と高御魂の関係に対比されることから考えて、この天照大神という神名は、本来は天照（阿麻氐留）であったものを、特に格上げした尊号を奉ったものと解される。

初期の皇大神宮の大宮司に、津島朝臣の名があることについては、前章に述べた通りだが、要するにこの津島朝臣は、対馬国の卑狗の裔である。

二、東西の古都を結ぶ祭祀線

1.中原の古都

商（殷《いん》）代初期の都南亳《ばく》（河南省商丘）、西亳（同偃師《えんし》）、同じく中期の都隞《ごう》（同鄭州）、同じく後期の都殷（同安陽）、周の東都（成周）洛陽、同じく西都（宗周）鎬京《こうきょう》（陝西省《せんせい》）、秦の都咸陽（同）、漢の都長安（同西安）、これらはほとんど同一緯度の線上にあり、安陽が少し北にずれているが、おおむね北緯三四度半前後に並ぶ（星宮恵一「測景台と益田の岩船」）。

これについて星宮説は、『周礼』の大司徒職を引き、古代中国では、地面に垂直に棒ないし柱を立て、その影の長さを地面に置いた尺度（土圭）で測って、時刻や季節を知ったという。そして、

日至之景、尺有五寸、謂之地中、天地之所合也。四時之所交也。風雨之所会也。陰陽之所和也。然則百物阜安、乃建王国焉。（○点は筆者が付した）

とあることから、夏至の景が一尺五寸になる所が「地中」であり、ここに「王国」（都）を建てるのだという。〝地〟とは〝天〟に対する地で、これを〝國《くに》〟ともいう。そこに王国を建てるとは都城を造営することで、その地が北緯三四度二六分というのである。

陝西省宝鶏から出土した青銅器の銘文に、周の成王が、祖父文王・父武王の徳を讃えて、天を祭った祝詞があるが、それには「ここ中国にあり、ここより民を治めん」と刻されている。この前段の中国は、国の中心で、成王が開いた東都洛陽を指すが、後段の民とは、周王朝が統治する国家、すなわち天下の人民を指している。宝鶏は渭水《いすい》の上流、関中平原の西辺ながら、物資の集散する交易地で、周王朝の発祥地であった。この地もおよそ北緯三四度半、岐山を背に、渭水に面した要地であることは現地を旅してよくわかった。

2・ヤマトの古都

神日本磐余彦《かむやまといわれひこ》（神武天皇）の名に示された磐余の地は、現在の橿原市のあたり、この地で磐余彦が初めて天皇《すめらみこと》になった所伝には、このクニを「葦原中国《あしはらのなかつくに》」と称している。この葦原は天（高天原）に対する地で、中国《なかつくに》とは天皇が統治する地域を指したものと解される。その中国を平定し、帝都を開くにあたり、

　六合《くにのうち》（国内）を兼ねて以て都を開き、八紘《あめのした》（天下）を掩《おお》いて宇《いえ》（家）とせむこと、亦可《よ》からずや。夫《か》の畝傍《うねび》山《やま》の東南橿原の地は、蓋し国の墺区《もなか》（中心）か、治まるべし。（『日本書紀』）

とした文辞には、かの中華的思想に通じるものがあり、この成文には中国の故事を知る者が関与したはずといわれている。この橿原の地を帝都と卜定したことについて、日至の景を測定したような記述はないが、この地が中国の古都と同じ〝地中〟（国の墺区）であることを知る能力を

持った者がいたらしい。偶然ではないと思うのは、この地の緯度が正しく北緯三四度半になるからで、これは「日至之景」を測定すればわかることである。

前記星宮説は、橿原神宮の南にある「益田の岩船」を、「観星台」とする旧説があったことに触発され、これを改めて、拙論古代中国の測景台と関連づけて検討してみる要を提言されたものである。この星宮説に触発されて、「神と王と卜」（『古代日本人の信仰と祭祀』大和書房）を書いたのは、陰陽の理に通じた卜師のなかに、天測の術を伝えたものがいたのではないかという思いが膨らんだからである。

前記中国の古都を連ねた線を東に延長すれば、黄海を越えて韓国の西南部をかすめ、海峡を渡って対馬の中央部を横断し、玄海を渡って山陽道を通り、河内から南大和、伊勢を抜けて太平洋に出るが、その先端に伊豆諸島がある。この東辺の伊豆諸島と、西辺の対馬に卜部《うらべ》がいた構図を誰が描いたのか。

日本古代史で論じられた三輪王朝、河内王朝はこの線上にあり、最初の都城といわれる藤原京もこの地にある。この王城の地が、中国の古都と同じ線上に選定されていることは、偶然とは思えないものがある。それは『日本書紀』に神日本磐余彦（神武天皇）が、大八州の西偏《にしのほとり》の筑紫《ちくし》から、天下《あめのした》の中心《もなか》をもとめて東へ遷るとき、

> 東に美地《よきくに》有り、青山四周《よもにめぐり》、其の中に亦、天磐船《あめのいわふね》に乗りて飛び降れる者あり。余謂《われおも》うに、彼《その》地《くに》は必ず天業《あまつひつぎ》を恢弘《ひろめの》べて、天下に光宅《みちお》るに足りぬべし。蓋し六合《くに》の中心《もなか》か。何ぞ就《ゆ》きて都《みやこつく》らざらむや。

とした所伝を見るとき、その美地《よきくに》「六合の中心」とは、中国の古典に見える王城と同じ条件の地を目指しているようで、それには陰陽の理に通じ、天測の術を心得た者がいたはずだ。それは卜師であろう。天孫降臨の際の五部神に天児屋根命がいることは、大王の宮廷に卜官がいた事実を反映したものとみられるが、その卜部の成立については第四章で考察した。

3・東西の聖山

中国史で古代における第一の聖山として有名な中岳崇山は、洛陽と鄭州の中間にあって岳神を祀り、祭天の神事が行われた山で、王が天帝を祭る聖地であった。殷の卜辞によく〝岳〟と見え、岳神は河伯《かはく》（黄河の水神）と並ぶ殷人の信仰の対象とされていた。現在は崇岳の南面に中岳廟がある（文化大革命で破壊されたが、その後復元されている。二三二頁の写真参照）。

この崇岳と同じ緯度（北緯三四度三二分）にヤマトの聖山三輪《みわ》山があるのだが、これも偶然とは思えないものがある。三輪山は大和の国魂神《くにたまがみ》を祀った磐座《いわくら》で、その神の正体は大蛇とした有名の所伝があるが、これは崇山の神の形容も蛇体といわれている。

この嵩山と三輪山の中間に当る対馬では、国魂神を祀った聖山を御嶽《みたけ》と言うが、この山の神も蛇といわれる。この御嶽の緯度は三四度三五分、その東側をメボロというのも、三輪山の別名ミモロと通じることで見過せないものがある。なお三輪山の東には伊勢の大神が同じ緯度にあり、洋上の果てに伊豆の神津島がある。

岳神が蛇体だということは、雷神であるからで、雷神は蛇から竜に昇化する。そこから天神と雷神の親近性が語られる。対馬の雷命《いかづち》神社（式内社）が鎮まる阿連《あれ》（古名阿礼）の祭礼には、イカヅチ（雷神）とオヒデリ（日神）の神婚を語る行事があり、その地名をアレというのも御子神の生誕《あれ》に由来するといわれている。

日神はオヒデリ（日照り）で、イカヅチは雨を降らせる神である。中国の岳神に、祈雨の卜辞が多いのもうなずける。雷神をイカヅチというのは、自然現象の雷鳴・電光を神格化したもので、それが地上の人々に慈雨をもたらし、あるときは恐怖をもたらす現象を、絶対の威厳を示す天帝の意志だとすれば、日神も雷神も天帝の眷属《けんぞく》ということになる。

天帝（天神）を祀るものは、天神の子と号する王に限られていた。王たる者は天神の子であることを証する系譜を必要としたもので、幻の夏《か》王朝も、商（殷）も周も、王室は天神の子であった。秦の始皇帝は初めて天子と称し、皇帝と号したので、以来、天下の統治者はこれに倣った。

始皇帝は東岳泰山《たいざん》（山東省）で即位式を行ったので、泰山の名が挙がったが、それでも崇山の権威は依然として続いた。

崇山の南、告成《こくせい》という地に、周公が天測を行ったと伝える「測景台」があり、天測の発祥地というのだが、この地が北緯三四度二六分、神話の夏王朝の陽城があった所という。現

周公の測景台

存の遺跡は「観星台」と称し、明《みん》代に修理したものと説明書にあるが、その遺構は南北子午線を軸として北極星を中心に、四時の天文を観測するようになっている。これは暦を作製する基礎資料をつくるためで、それが重要な国事とされていた。

4・天子と暦

古代王朝は、毎年の正確な暦を作製して、これを天下万民に公布することが「天子」たる者の重要な仕事であった。中国には古くから暦があったが、正確を期して何度も改訂が行われた。

わが国では『魏志』「倭人伝」の註に、「その俗、正歳四節を知らず、但し春耕秋収を計りて年紀と為す」とあることから、二至二分の暦法にもとづく正歳四節の暦書はまだなかったが、自然の移り変わりから、春耕秋収を計る農事暦があったことは疑いない。

現在遺っている観星台

その自然暦のなかにも、天文の知識が必要だったはずで、それにはやはり陰陽の理を学んだ卜師が関係したと思うのは、日神・月神をはじめ北極星や金星を卜部が祭っているからである。『延喜式』陰陽寮の諸門戸に、「撃下下開二閉諸門一鼓上」とした註に、「以下或虚音、或対馬暦道。例詞也」とある〝対馬暦道〟について、それが卜部の暦法であったらしいことまではわかったがその内容はわからない。

壱岐の月神を「月読《つきよみ》」というように、対馬の日神は「日読《ひよみ》」の意義があったのではないかと思う。月読み・日読みは「こよみ」（暦）である。そこで壱岐の月神、対馬の日神が京に遷り、卜部らが上京したのは、天子が定める暦作りにも関係があったのではないかとも考えられる。『日本書紀』には欽明天皇十四年《（五五三）》六月条に、百済国《くだら》から「医博士《くすしのはかせ》、易博士《えき》、暦博士《こよみ》」らが来て、「暦本」を伝えている。その百済の暦は中国の宋朝で作られた元嘉暦とみられているが、これが我が国最初の暦だという。その後推古天皇十（六〇二）年にまた新しい暦本が伝えられるが、暦が公式に勅命で発布されたのは持統天皇四（六九〇）年といわれる。

この中国流の正確な暦が公布される以前に通用した素朴な暦法が、卜部が伝えたという対馬流の暦道だったのであろう。

5•祭天の古俗

『魏志』「倭人伝」に「対馬国の大官卑狗」と記録されたこの国の大官とは、島の原始の王者であることは前述した。その上でこれを日神の祭司を任とする〝日子〟と考え、その後継がヤマト王権に服属したとき、対馬県《あがた》の県主となり、直《あたい》を姓《かばね》として、畿内型の古墳を造営したこと、また直らが侍える祭祀（高御魂・日神・卜神）と共に一族の者が大和に遷され、日本神道の成立に貢献したことは前述した。

これには対馬の日子が、中華風の祭礼や、陰陽五行説にも通じていたことが想像され、卜人のなかに天測の術を心得た者もいたのではないかと思うが、それを示す資料はない。これには文化の受容というだけでなく、日子の系譜に大陸からの渡来を考えるのが至当かと思うこともある。

対馬卜部の伝書「津島亀卜伝」には、族祖「雷大臣《いかつおみ》」が、韓土で卜術を習得してきたというのだが、朝鮮諸国には亀卜に関する文献も伝承もなく、考古資料もない。したがって対馬の亀卜は中国からの直伝かとしてきたが、近年、北緯三四度半の線が通る全羅南道海南郡の郡谷里貝塚で、多くの卜骨が出土した調査報告に驚かされた。

朝鮮半島で卜骨が出土したのは北の虎谷遺跡（秦・漢）、南の金海府院洞遺跡（三韓時代）などが知られているが、卜甲（亀の甲）出土の例はない。しかし東西の祭祀線上にあるこの地域に、馬韓五十余国のなかの一国があったことは確実で、韓国では他にない前方後円形の古墳がこの地域だけにある。馬塚古墳、長鼓山古墳などまぎれもなく前方後円の形で、これを日本の前方後円墳の祖形とする説もあったが、それほど古いものではないと判明した。この地域と日本との関係について、新しい研究が出ることを期待している。この古墳のことも念頭におきながら、私の関心はこの地の緯度にあったのだ。緯度が同じということは、四季節分の太陽の運行が同じなわけで、天測の術を知っていれば、測定できたはずである。

三、対馬の上県と下県

1.地名の上《かみ》と下《しも》

古い村落《むら》（集落）名で、上《かみ》・下《しも》を表すときは、河川に沿って上流の村落を上里《かみざと》・下流の村落を下里《しもざと》と呼び、その中間に村落があるときはこれを中里、あるいは中村というのが通例で、この上・中・下を町《ちょう》名で呼ぶのは近世の行政地名である。

自然地名の上・下は方位に関係なく河川の流れで決ることは、各地の字名《あざめい》を見れば自明である。対馬では上流の山手の村落を田舎《いなか》と呼び、下流の海辺の村落を浜里（浜村）という例があり（厳原町久根・豊玉町曽・上対馬町久須）、また上流の山里を深山《みやま》と呼び、河口の村落を湊《みなと》という地名があるが、この湊は正に水門《みなと》である（上県町佐護の例）。

このように郷里の古地名は自然の環境に由るもので、上・下の通称も地理に即しているが、これが上県・下県の行政地名となれば別である。県（あがた）の由来については後述するが、これは古代の大和朝廷が直轄支配した地といわれ、日本列島の西半分に多く存在したが、なかでも対馬は早い時期に県となったことが『日本書紀』に見える。

その対馬の県が上・下に二分された経緯は不明だが、北部を上県、南部を下県としたことについて、以前推論したことではあるが（『古代史の鍵・対馬』一九七五年）、改めて自説を整理し、敷衍してみたいと思うことがある。

そもそも律令制の国・郡名において、上・下、前・後を表すことについては一つのきまりがある。東海道の上総・下総、東山道の上野・下野が示すように、これは京に近い方が上で、京から遠い方が下となっている。また北陸道の越前・越中・越後や、山陽道の備前・備中・備後も京に近い方が前で、遠い方が後となっている。

しかし西海道では、筑前・筑後、肥前・肥後、豊前・豊後はいずれも大宰府を中心に決っている。そこで問題になるのが対馬の上県・下県の郡名で、ここでは大宰府に近い方が下県、遠い方が上県となっている。これについては『日本書紀』顕宗紀に、対馬下県直《あたい》が見えることから、対馬の上県・下県は大宰府が置かれる以前からあったと考えられるわけで、これには別の視点を提起したいが、その前に律令制郡名に見える上・下について一瞥しておきたい。

好例として大和国に、添上郡・添下郡、葛上郡・葛下郡、城上郡・城下郡があり、摂津国に島上郡・島下郡があるが、これらはいずれも平城京（奈良）に近い方が上と呼ばれている。

なお大宰府管内の九国三島（対馬・壱岐・多褹《たね》）では、筑前国の上座郡・下座郡と、筑後国の上妻郡・下妻郡があり、豊前国に上毛郡と下毛郡があるが、これらは大宰府に近い方が上とされていて、対馬の上県・下県だけが例外ということになる。

2. 上県と下県

大宰府に近い南部が下県、遠い北部が上県とは異例である。しかし大化前代から対馬に県があったことを考えれば、また別の視点が開けるわけで、その上・下の県名が、郡制施行のときそのまま郡名になったと考えられる。

前代の県が郡になった例は近畿以西に多いが、県名を付したまま郡名となった例として日向国の諸県《もろのあがた》がある。

対馬県は『先代旧事本紀』に「対馬県直」が見え、それに県主と註しているが、さらに下県直の所伝として、『日本書紀』顕宗紀の三年夏条に、高皇産神に磐余《いわれ》の田を献上し、対馬下県直が祠官として侍えたとある。これは対馬にあったタカミムスビ（高御魂）を大倭に遷し、対馬の古族（下県直）が祠官として上京した故実を反映した所伝であろうといわれている（竹内理三、上田正昭）。

これに啓発された筆者は、対馬の県は古くからあったもので、上県と下県の対称も大宰府が置かれる以前からあったはずだし、北部を上県としたのは、北部が京に近いことを論じたことがある（古代日本と対馬）。これについて竹内理三先生から、「それは机上の論であろう」とたしなめられたが（長崎県史・古代編）、近年これを再論したくなったのは、やはり上県が京に近いことを確信するからである。

3.対馬からの上京路

対馬から畿内へ通交する道として、古来二つの海路があった。第一は島の東南から筑紫へ渡り、関門から瀬戸内を航行して河内へ到る水路で、淀川の河口に〝対馬江〟という泊地があって、津嶋部神社（式内社）が鎮座しているのも、故い縁を示唆してくれるものがある。

第二の道は島の東北から玄海を横断して長門の角島辺へ渡り、日本海沿いに山陰の沖を航行して、丹後か若狭に至る水路があった。通常、前者が主流のように見られているが、実際には後者が近いだけでなく、この水路は対馬海流に乗るわけだから、無風のときでも航行できる利便があり、速く到達したことは自明である。

ただしその後の陸路において、前者の河内から大和は近いが、後者の丹後・若狭から大和までは若干遠いので、そこの兼ね合いと季節で選択されたものと思われる。冬期には日本海は荒れるので、その間の日本海航路は避けたことであろう。

この海路を利用した所伝として、神功皇后三韓征伐の所伝において、角鹿《つぬが》（敦賀）より発した一説もあるように、この水路が知られていたことは確かである。なお高句麗や渤海の使船がよく若狭湾や「越《こし》」に来たのも、この水路の通交が早くから定着していたことを示している。

4.日本海の交通路

日本海の水路が開けたのは、遠く縄文時代にさかのぼる。これについては前著『海人たちの足跡』で詳述し、また第一章の「縄文時代の海の道」で述べたように、対馬にも縄文時代からの資料がある。

上県町の志多留貝塚（縄文後期）から出土したヒスイの珠は上越の糸魚川産のヒスイとみられ、上対馬町の朝日山古墳及び豊浦の遺跡から出土した勾玉は、出雲石といわれる出雲産のメノウである。また美津島町雞知の出居塚出土の柳葉形青銅鏃は、畿内型前期古墳の指標的遺物だが、これと酷似した出土例が豊前石塚山古墳と丹後の国府に近い古墳で出土した資料があり、前者は瀬戸内の要衝、後者は日本海の要衝で、両方が対馬との親縁を示してくれる。

なおこの海路は当然朝鮮半島の東海にも通じていた。厳原町佐須の矢立山古墳のT字形石室は、九州には例がなく、丹後から越の地方にあることが知られているが、この石室のルーツは高句麗の古墳にある。これで思うのは、高句麗や渤海の使船がよく「越」に来たことで、その航路はリマン海流に乗って東海（日本海）を南下して、慶尚道の沖で進路を東に転じ、対馬海流に乗りかえて来たものと思われる。

後世（特に中世後期）にも、九州にはない京風の文化が対馬に及んでいる例が多いのは、九州を経ずに対馬に来た道があったことを示唆している。

南北朝から室町初期に、京風の見事な宝篋印塔が対馬に多いのもその好例で、これは九州のものとは異質である。その石材は日引石といわれる（大石一久）が、日引は若狭（福井県）と丹後（京都府）の境の半島にある。また近世初期に、九州にない両墓制の習俗が対馬に入っているのも、これらは若狭・丹後辺との交流が考えられるが、これについては稿を改めて論じたいと思っている。

5・玄海の渡り

『魏志』「倭人伝」には、対馬から一支（壱岐）へ渡る間の海を「名づけて瀚海という」と記している。この瀚海が玄海になったのではないか、という説に共感するものだが、現在では玄海を北部九州の北面の海と認識されているようで、宗像郡と東松浦郡に玄海町がある。

宗像から対馬へ渡る水路の真直中に沖の島があるが、この沖の島は対馬からもよく見える。明治三七（一九〇四）年の日本海海戦は対馬と沖の島の間が決戦場で、上対馬の古老たちから、山の畑で麦を刈りながらその合戦を眺めた話をよく聞いた。また沖の島から四方を眺めて感動したことは、東南に宗像、東北に長門の角島、西南に壱岐、西北に対馬が見える地理観を得たうえで、これにより古来の水路を想定できたことである。特に角島が上対馬とほぼ等距離に見えた印象が強烈で、対馬から角島へ渡る水路の想定に自信をもった。

また南北に大きく横たわる対馬の景が、南部（下県）より北部（上県）が近く、そして大きく見えたことである。下県の高い山脈（五〇〇～六〇〇メートル）より、上県の御嶽（四九六メートル）がずっと大きく見えることが、御嶽を本島第一の高山と信じた昔の人の認識を、なるほどと理解することもできた。

上対馬町浜久須の朝日山古墳（五世紀初頭）及び豊浦の遺跡から、伽耶系の陶質土器と伴出した勾玉は、通称〝出雲石〟といわれる玉石だが、出雲の玉造を訪ねると、確かにこれと同類の石

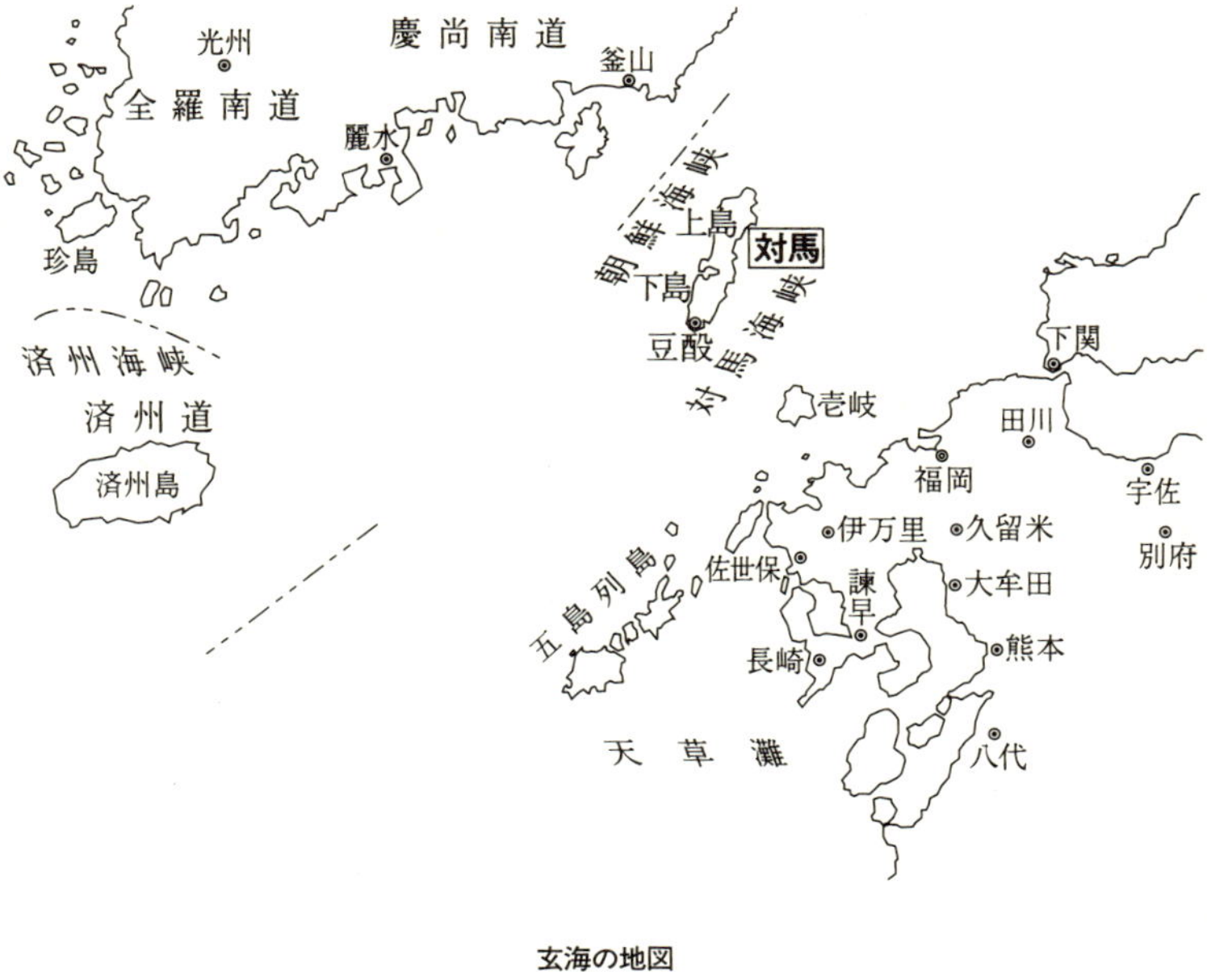
光州
慶尚南道
釜山
全羅南道
麗水
珍島
朝鮮海峡
上島
対馬
下島
豆酘
対馬海峡
済州海峡
済州道
済州島
壱岐
下関
田川
福岡
宇佐
伊万里
久留米
別府
佐世保
諫早
大牟田
五島列島
長崎
熊本
天草灘
八代

玄海の地図

がある。また浜久須の隣の大増には宗像神社があり、対岸の舟志《しゅうし》には厳島神社もある。

以上のことから、対馬の北部を上県、南部を下県としたわけは、九州からではなく、本州から視た認識だと理解した。それは都からみて、やはり上県が近かったからである。

四、対馬直の末流たち

1．郡司となった直と卜部

大化改新により国郡制が施行され、中央から国司が赴任した。『日本書紀』天智朝六（六六七）年に「対馬国金田城を築く」とあるのが新制度による「対馬国」の初見だが、同十年には対馬国司から大宰府へ、唐使の来日を報告したことが見え、天武朝三（六七四）年には対馬国司守が、当国に産した銀を貢上《たてまつ》ったとある。

そして大宝元（七〇一）年、対馬より金を貢上ったことにより、〝大宝〟と建元され、このとき国司、郡司らは位一階を進められたと『続日本紀』にある。この国司は中央から遣わされた官僚だが、郡司は在地の豪族で、対馬の郡司は上県も下県も、その姓《せい》を〝直《あたい》〟と称している。これは対馬の古族県直が、新制の郡司となったわけで、上県直が上県郡司、下県直が下県郡司となっている。

それは旧来の姓《かばね》であった直《あたい》を姓《せい》としたもので、文字では一貫して直と書くが、大化以前と以後でその意味は異なる。この郡司を郡領ともいうが、その下級職に「主帳」があり、主帳には卜部を姓とする者が就いている。卜部氏文ともいわれる『新撰亀相記』によれば、上県郡に直氏と卜部氏、下県郡に直氏と卜部氏と、夜良直氏があり、上・下の直氏を国造《こくぞう》とも呼んでいる。この国造《こくぞう》も大化前代の国造《くにのみやつこ》とは異なるもので、通称「律令制国造」という。

またこれに「夜良直」とあるのが何者かよくわからなかったが、夜良は国府が置かれた浦の地名与良《よら》に通じ、現在の厳原の古名である。厳原港の東南に野良《やら》という地名があり、浦の岬を耶良《やら》崎というのは、夜良の遺称といわれている。そこで夜良直とは、もとは下県直の一族で、夜良(与良)に開かれた国府の下級官僚(雑任国司《ぞうにん》)となったものではないかと考察される。また「与良祖神社《よらのみおや》」があったのはその祖神であろう。

令制による国は、大国・上国・中国・下国とあるが、対馬島は下国の格で、守《かみ》の次の介はなく、下級官としての掾もなく、目一名と史生三名が定員であった。また郡制は大・上・中・下・小の五段階あり、対馬の両郡は下郡で、大領・少領各一名と、主政はなく、主帳が一名の定員とされている。この正規の職員のほかに、雑任と呼ばれる在地の下級職があって、「雑任国司」「郡雑任」と称していた。

このとき郡領になったのは直氏で、主帳は卜部氏だが、この一族から神祇官の卜部の要員も出るわけで、両郡から五名ずつ上京していた。

2・天安元年の変

『文徳天皇実録』の天安元(八五七)年六月二十五日の記に、大宰府より駅を飛ばして、大変な事件が報告されている。

対馬島上県郡擬主張卜部川知麻呂、下県郡擬大領直浦主ら、党類三百人ばかりを率い、守立《かみたつ》野《の》正岑《まさみね》の館を囲み、火を放ちて正岑並びに従者十人、防人《さきもり》六人を射殺と言上。

とあり、これは上・下の郡司らが、国府を焼き国司を殺害した「変」である。大宰府より派遣された兵によって鎮定され、厳重な詮議《せんぎ》を経て刑罰が下された。それは『三代実録』の天安二年十二月八日の記に、「太政官論奏して曰く」として、

対馬島下県郡擬大領直氏成、上県郡擬少領直仁徳ら、部内百姓首従十七人。兵を発して守立野正岑、及び従者榎本成岑らを射殺。氏成らの罪、皆斬に当るも、詔されて死一等を減じ、之を遠流に処す。

とある。上県と下県の郡司が呼応して、三百人もの島民を率いて国府を襲撃したことについては、よほどの理由があったはずで、国司の側に島民の怨嗟《えんさ》を受ける原因があったのではないかと思うが、官撰の国史はそれについては何も記録していない。その刑の宣告において、「その罪は斬刑に相当するも、詔により死一等を減じて、遠流に処す」とある。当時、この国は死刑がなかったからだが、それにしても情状酌量された判決文ともとれるだろう。

また獄中での詮議は厳しかったようで、天安元年閏七月十六日の記には、「対馬島の賊類にして、強迫されて賊党に入りたる者、及び獄中にて死亡したる無実の者の妻子を無罪赦免」とあり、獄中での死亡者が多かったことが推察される。決起の主謀者とみられる卜部川知麻呂、直浦主の名が流刑者のなかに見えないのは、おそらく獄中で責め殺されたのであろう。

3.対馬直一族の行方

平安時代の初期はその名のごとく、戦争のない平和が続いたが、やがて律令制の矛盾から各地で「乱」が頻発した。対馬の「天安元年の変」はそれの早い時期で、「乱」とは言わず「変」でとどまった感がある。それでも対馬の歴史にとって、これは大きな事変であった。この「変」の結果、島の名族「対馬直」(津島直)の一党が、賊の名を負って史上から消えたことである。

遠流の先はわからない。想像されることは死一等を減じての遠流であることからして、最も遠い所だと思う。そこで奥州が思い浮かぶ。奥州の津軽には、津島あるいは対馬とした姓が多いのに驚いた。そこで津軽に都合三回旅行したが、私の思いは届かなかった。それでも想像だけで楽しかった。津軽に想いを致すのは、それだけではない。

近世初期、「柳川一件」と呼ばれる外交上の紛争で、将軍家光の親裁により津軽に流謫となった対馬藩家老柳川《やながわ》豊前守調興《しげおき》の菩提《ぼだい》も、弘前城下の長松寺にある。これを訪ねて感銘したことは、津軽での調興は罪人としてではなく、客人として津軽侯に遇されていたことである。そのときふとひらめいたのは、津軽での対馬直は、普通の罪人ではなかったのではないかということだ。

4.阿比留氏の台頭

天安元年の変で、下県郡大領直氏成、上県郡少領直仁徳以下、郡司の一族から遠流に処せられた者が出て、これ以後「直」の姓を見ることがない。直氏が滅亡したのではなく、残った者は直の姓を憚《はばか》って、改姓したのであろう（後年、柳川一件のあと、柳川の係累は改姓している）。

平安朝も一〇世紀後半には、国・郡・郷の機構に変化があったが、この時、対馬在庁に〝阿比留〟と称する一族が台頭した。史料の初見は寛弘五（一〇〇八）年の銘を刻した豆酘御寺の梵鐘に、「正六位上権掾阿比留宿弥良家」とある金文だが、これ以来「掾《じょう》」を官職とした阿比留が中世まで続き、通称〝在庁〟と呼ばれていた。

対馬は遠国ゆえ、都で対馬守に任命されても現地に赴任せず、いわゆる遥任となる場合が多く、国府の権は下級官人である掾官の手腕に委《ゆだ》ねられることが多くなり、後に〝阿比留在庁〟といわれるほどに、この一族が国衙も郡衙も支配した。

この阿比留氏の出自については、弘仁四（八一三）年に刀伊《とい》賊が対馬を寇したとき、上総《かづさ》国畔《あ》蒜《ひろ》郡より勅命を受けて来島、賊を討った功により、国府の掾官に任ぜられたというのだが、これは後世作られた説話である。弘仁四年の刀伊入寇を確認できる史料はなく、その当時は対馬国府に掾官はないはずだ。

上総国に畔蒜郡があったことは確かだが、その期間は短く、現地ではその地名も一般に知られていない。それでも安蒜という姓は今もある。そこで対馬の阿比留という姓がどこから来たのか、となるといくつかの説があるが、私見では在地出自説をとる。

それは国府在庁にいたとみられる「夜良直」の後身だと思う。上・下の直が追放されたとき、国府の官人である夜良直は残ったはずで、これが国府機構の改革により、新たに置かれた掾官に任命されたのだと思う。直の旧姓を改めて阿比留としたものと考察した。そこで〝アヒル〟という名義については、〝オオヒルメ〟だと思う。それを考えたのは、阿比留一族が後世まで、地の神社や天道祭祀に深く関与していたことが挙げられる。

近代まで、門名《かどな》を〝在庁〟と呼ばれた阿比留家が各郷村（旧郷の主邑）にいたものだが、それが郷村の祭祀に特別の関係を持った例が多く、前にも触れた豆酘の阿比留氏はホーヘシ（奉幣使）と呼ばれ、雞知在庁は住吉神社の宮司であった。また三根在庁（上県郡峰町）は当国一の宮木坂八幡宮を管理する社役で、伊奈在庁（上県郡伊奈郷）もこれに関与していた。

唐洲在庁（豊玉町唐洲）という家があり、当地の祭祀を管理したが、これは本来仁位にあったのが、いつの頃か唐洲に移ったのではないかと思われる。また上県郡の佐護在庁と下県郡の佐須在庁は、近世からその形跡が不明だが、両地とも対馬六観音の所在地であることからして、在世時には当然その祭祀に関係していたはずである。

なお藩政時代を通して明治初期まで、対馬国総宮司職として神祇行政を管掌し、復古神学の名家として本居宣長や伴信友とも親交のあった藤《とう》家一門は、藤斎延、定房、斎長、仲郷と続く学者を輩出し、神道史に大きく貢献したが、この藤氏の祖藤原秋依は、鎌倉初期に阿比留から藤原に改姓した人である。それは文治五（一一八九）年四月二日付で、国府在庁の目であった藤原秋依が、国宣により「掾官并八幡宮主神司職」に補任された史料がある。その頃の対馬在庁は、惟宗一名の外は全員阿比留一門で占めていた時代であった。

このように通覧してみると、いみじくも〝日子〟の末流として、津島直の伝統を頑《かたく》なに守り通してきた観がある。

あとがき

人類の原始の文明は、〝カミ〟と、人と、自然との関わりのなかでつくられた。

人はカミに従い、自然に順《したが》って、世界を眺め、宇宙を観た。

宇宙には無数のカミがある。森羅万象ことごとくがカミで、カミはヒトの心の中にもある。

そこで人類は、〝呪術《まじない》〟によってカミ（神霊）をつくることを会得《えとく》した。

原始の文化を語るとき、呪術は極めて大きな意義をもっている。

人はやがて、重要なカミたちを〝神〟に昇格させた。日神、月神、雷神、風神、水神、海神、地神、山神、木神、石神など、人と関わる度合の大きい自然界の神たちだ。

そのうちに、自然神の殻を脱《ぬ》け、人格を具《そな》えた〝神〟が顕れた。

そのなかに、人々の〝祖神《おやがみ》〟として崇《あが》められる名神がつくられて、そのとき、それぞれの神の神話が語られた。

部族ごとに、共同の祖神のもとに団結し、固有の〝マツリ〟を通して意識を高めた。

その部族ごとの縄張りを〝クニ〟という。クニは〝國〟で、国という字は、囲われた地域を表意している。

各地の国が勢力を競《きそ》うさまを、古典神話は神の争いとして伝えている。

『後漢書』「東夷伝」には「桓・霊の間、倭国大乱、更に相攻伐、歴年主無し」と見え、その後に、卑弥呼が共立されて〝王〟となったことを記している（桓帝・霊帝の世は二世紀後半）。古典の「神代史」も、サバイバルの抗争を経て、倭国統一への動向を描く。神たちの名による〝出雲《いづも》の国譲り〟は準決勝で、〝神武東征〟が決勝戦だった、と読みとれる。

その段階で、『日本書紀』は〝始馭天下之《はつくにしらす》天皇《すめらみこと》〟（神武天皇）をつくり、それに十代の崇神天皇を〝御肇国《はつくにしらす》天皇〟と重複させた。

この肇国《はつくに》天皇の祖《みおや》を〝日神《ひのみたま》〟としたのが、後に〝天照大神〟と格上げして、他の日神に格差をつけた。

この皇威の神聖を誇示する朝廷《みかど》の神事に、対馬の古族（日子の裔）が奉仕した。それには、日神をつくる〝産霊《むすび》〟の呪術《じゅじゅつ》と、天下の吉凶をト《うらな》う亀卜の秘術をもって事《つか》えたのである。由来、対馬には〝海童〟（ワタヅミ）と〝天童〟（テンドウ）が各地にあって、色々の呪術を伝え、「対馬流の神務」と称し、それを「対馬神道」とも呼ばれはしたが、〝天道教〟というような宗教の域には達していない。

そもそも日本の神道には、教祖もなく、整った教義もない。自然界の聖なるものを〝カミ〟として畏《おそ》れ、そのカミ（神霊）をマツル（祭祀）呪法を儀礼化したもので、およそ宗教以前の段階と、私は認識している。

それでも仏教及び道教と習合して、その儀礼を整えた経緯から、宗教的な体《てい》をなした面もたしかにあった。

その間に、本来持っていた固有の要素を喪失した面も少なくない。そこで〃神道復古〃を理由に神仏分離を果したとき、それで原神道に復したかといえば、かならずしもそうではない。

そのなかで、対馬神道といわれた祭祀習俗には、忘れられた日本の古俗をよく伝承したものがあるとして、戦前（昭和初期）から戦後の一時期（昭和二十年代）、研究者の注目するところとなったが、その後急速に廃れていった。

古い伝承文化のなかで、色々の子供行事もあったものだが、それらを体験した世代は、私たちの年輩が最後であった。この消え失せた伝承に想いを致し、考古学と民俗学にのめり込んだ私が、報告と論考を重ねて半世紀を経過した。

今回、前二著（『海神と天人』『海人たちの足跡』）に続き、三度このジャンルの著作に取組んだのは、「あとがき」に要約した設問を反芻《はんすう》しながら、新たに膨《ふく》らんだ知見を加えて、多年の雑学を整理しておきたい執念に駆り立てられたからである。

それには前著の説を修正したいこともあった。前著と異なる見解を示した箇所に気付かれた読者には、本書の記述をもって、筆者の学の新しい歩《あゆ》みと理解していただきたい。

小著をなすにあっては、多くの先学の著書や論考を参考にさせて頂いたのに、このたびは「注」を割愛したことをお詫《わ》び申し上げ、また記載した方にも、敬称を省略したことをお赦しいただきたい。

また面倒な編集作業に、終始親切にお世話くださった大和書房の佐野和恵さん、小野春枝さんに心から謝辞を捧げたい。

二〇〇一年　一月二十四日八十回誕生日

永留　久恵

海童《かいどう》と天童《てんどう》

――対馬からみた日本の神々

二〇〇一年二月二八日　第一刷発行

著　者　永留久恵

発行者　南　暁

発行所　大和書房
東京都文京区関口一―三三―四　〒一一二―〇〇一四
電話番号　〇三―三二〇三―四五一一
郵便振替　〇〇一六〇―九―六四二二七

印刷所　シナノ

製本所　小泉製本

装　丁　福田和雄

ISBN4-479-84055-9